应用型本科院校"十三五"规划教材/经济管理类

Preparation and Analysis Tutorials of Corporate Financial Statements

企业财务报表编制与分析实训教程

（第2版）

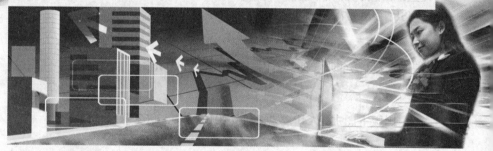

主　编　董莉平　刘　颖
副主编　李宛宣　赵　君　邢　晨

哈尔滨工业大学出版社
HITP　HARBIN INSTITUTE OF TECHNOLOGY PRESS

内容简介

本书将企业财务报表编制的依据、程序、方法、要点融合在一起,对主要财务报表进行编制训练,并依据上市公司实例进行主要财务指标的分析。本书还配有详细的答案,内容全面,实用性强,适合财经类院校学生使用,也可作为在职人员的专业指导用书。

图书在版编目(CIP)数据

企业财务报表编制与分析实训教程/董莉平,刘颖主编.2版.——哈尔滨:哈尔滨工业大学出版社,2016.7(2018.1重印)
应用型本科院校"十三五"规划教材
ISBN 978-7-5603-6115-4

Ⅰ.①企… Ⅱ.①董…②刘… Ⅲ.①企业管理-会计报表-编制-教材②企业管理-会计报表-分析-教材 Ⅳ.①F275.2

中国版本图书馆 CIP 数据核字(2016)第 157963 号

策划编辑	赵文斌 杜燕
责任编辑	李广鑫
出版发行	哈尔滨工业大学出版社
社 址	哈尔滨市南岗区复华四道街10号 邮编150006
传 真	0451-86414749
网 址	http://hitpress.hit.edu.cn
印 刷	肇东市一兴印刷有限公司
开 本	787mm×1092mm 1/16 印张 14.25 字数 329 千字
版 次	2012年5月第1版 2016年7月第2版 2018年1月第2次印刷
书 号	ISBN 978-7-5603-6115-4
定 价	26.80元

(如因印装质量问题影响阅读,我社负责调换)

《应用型本科院校"十三五"规划教材》编委会

主　任	修朋月　竺培国

副主任　张金学　吕其诚　线恒录　李敬来　王玉文
委　员　（按姓氏笔画排序）

丁福庆　于长福　马志民　王庄严　王建华
王德章　刘金祺　刘宝华　刘通学　刘福荣
关晓冬　李云波　杨玉顺　吴知丰　张幸刚
陈江波　林　艳　林文华　周方圆　姜思政
庹　莉　韩毓洁　蔡柏岩　臧玉英　霍　琳

序

哈尔滨工业大学出版社策划的《应用型本科院校"十三五"规划教材》即将付梓,诚可贺也。

该系列教材卷帙浩繁,凡百余种,涉及众多学科门类,定位准确,内容新颖,体系完整,实用性强,突出实践能力培养。不仅便于教师教学和学生学习,而且满足就业市场对应用型人才的迫切需求。

应用型本科院校的人才培养目标是面对现代社会生产、建设、管理、服务等一线岗位,培养能直接从事实际工作、解决具体问题、维持工作有效运行的高等应用型人才。应用型本科与研究型本科和高职高专院校在人才培养上有着明显的区别,其培养的人才特征是:①就业导向与社会需求高度吻合;②扎实的理论基础和过硬的实践能力紧密结合;③具备良好的人文素质和科学技术素质;④富于面对职业应用的创新精神。因此,应用型本科院校只有着力培养"进入角色快、业务水平高、动手能力强、综合素质好"的人才,才能在激烈的就业市场竞争中站稳脚跟。

目前国内应用型本科院校所采用的教材往往只是对理论性较强的本科院校教材的简单删减,针对性、应用性不够突出,因材施教的目的难以达到。因此亟须既有一定的理论深度又注重实践能力培养的系列教材,以满足应用型本科院校教学目标、培养方向和办学特色的需要。

哈尔滨工业大学出版社出版的《应用型本科院校"十三五"规划教材》,在选题设计思路上认真贯彻教育部关于培养适应地方、区域经济和社会发展需要的"本科应用型高级专门人才"精神,根据黑龙江省委书记吉炳轩同志提出的关于加强应用型本科院校建设的意见,在应用型本科试点院校成功经验总结的基础上,特邀请黑龙江省9所知名的应用型本科院校的专家、学者联合编写。

本系列教材突出与办学定位、教学目标的一致性和适应性,既严格遵照学科体系的知识构成和教材编写的一般规律，又针对应用型本科人才培养目标及与之相适应的教学特点，精心设计写作体例，科学安排知识内容，围绕应用讲授理论，做到"基础知识够用、实践技能实用、专业理论管用"。同时注意适当融入新理论、新技术、新工艺、新成果，并且制作了与本书配套的PPT多媒体教学课件，形成立体化教材，供教师参考使用。

《应用型本科院校"十二五"规划教材》的编辑出版，是适应"科教兴国"战略对复合型、应用型人才的需求，是推动相对滞后的应用型本科院校教材建设的一种有益尝试，在应用型创新人才培养方面是一件具有开创意义的工作，为应用型人才的培养提供了及时、可靠、坚实的保证。

希望本系列教材在使用过程中，通过编者、作者和读者的共同努力，厚积薄发、推陈出新、细上加细、精益求精，不断丰富、不断完善、不断创新，力争成为同类教材中的精品。

第2版前言

随着经济的发展,各个行业都在向专业化发展,职业分工更加细化,要求岗位人员的专业知识、专业技能、职业判断、业务熟练程度与实际需求零距离。企业对人才的需求越发以直观的经济效益为前提,传统的员工培训、培养思想和手段已满足不了时代发展的要求,而对所需人才招之即来,来之即用的理念已越来越吻合这个时代的发展速度。因此,我国各种层面的本科高等院校均把应用型人才作为培养目标的第一要素。而应用型人才培养的关键是学生的专业操作技能和专业动手能力。

会计学是一门实践性很强的学科,为了弥补高校课程体系中理论过多,实践过少的不足,黑龙江财经学院会计系通过对10年的实战教学经验的总结,探索开发了一套适合培养与就业岗位零距离对接的实务实训的新模式与新方法,受到学生和用人单位的认可。在此基础上,我们特编写了高等院校实务系列教材,以满足当前人才培养目标的需求。

《企业财务报表编制与分析实训教程》主要是配合财务报告编制与分析课程的实践教学使用,根据财务报表的组成内容编写。本教材按照《企业会计制度》和《企业会计准则》,仿真设计一套完整的股份制企业的经济业务,让学生按照财务报表的编制流程,依据会计凭证登记账簿、编制会计科目余额表、直至编制主要财务报表,并在掌握个别财务报表的基础上进行合并财务报表的编制以及对财务报表主要指标的分析。它的内容全面,覆盖面广,突出教学中的重点、难点,注重基本技能和职业判断能力的培养、训练,并邀请有实践经验的企业人士参加编写。经济业务的设计更加贴近企业实际情况,实现了理论与实践的完全融合,便于初学者快速理解以及教师备课使用。

本书由黑龙江财经学院教授董莉平和刘颖担任主编。各章分工如下:第一篇第一章由黑龙江财经学院董莉平编写,第一篇第二章黑龙江财经学院刘颖和赵君共同编写,第二篇和第三篇由黑龙江财经学院李宛宣编写;第四篇参考答案由黑龙江财经学院邢晨编写。

由于编者水平有限,希望读者对于疏漏之处予以指正,以便本书的不断完善。

2016 年 4 月

目 录

第一篇 企业财务报表的编制实训 …………………………………………………… 1
  第一章 企业财务报表的编制实训概述 ……………………………………… 1
  第二章 实训模块 …………………………………………………………… 86
    实训一 资产负债表的编制 ……………………………………………… 86
    实训二 利润表的编制 …………………………………………………… 143
    实训三 现金流量表的编制 ……………………………………………… 144
第二篇 合并财务报表的编制实训 ………………………………………………… 158
第三篇 财务报表分析的实训 ……………………………………………………… 172
第四篇 参考答案(见活页)

第一篇 企业财务报表的编制实训

第一章 企业财务报表的编制实训概述

一、实训目的

熟悉会计业务核算流程,明确每个业务的处理要点及其之间的衔接关系,巩固根据原始凭证编制记账凭证的技能及账簿的登记与结转,理解账簿与报表的承接关系,掌握财务报表的编制和分析方法,具备熟练编制主要财务报表的能力。使学生能够将理论与实践高度融合,为会计知识的应用和其他专业知识的学习奠定坚实的基础。

二、模拟企业背景资料

(一)企业基本情况

企业名称:黑龙江华光股份有限公司

股东资料:黑龙江华光股份有限公司由 5 名股东出资。其股份比例如下:哈尔滨大华股份有限公司 40%,刘强 30%,李敏 10%,张杨 10%,丁一 10%。

注册资本:1 000 万元

地址:哈尔滨市香坊区 99 号

营业执照:020886364

经营范围:生产及销售 A、B 两种产品

法人代表:王刚

税务登记号:230103789102603

电话:0451-55617788

开户银行:工商银行黑龙江分行珠江办事处

基本账号:035-1010-8212007

职工人数:200

(二)公司主要部门负责人

董事长:王刚

总经理:刘强

办公室主任:田华

生产部部长:张勇

人力资源部部长:李伟

财务部部长:刘丽

采购部部长:王杰

销售部部长:王丽

企管部部长:李晶

（三）财务部主要人员

出纳:张平

会计:陈红

会计:赵丽

复核:孙佳

会计主管:钱庄

（四）生产车间介绍

黑龙江华光股份有限公司设有一个基本生产车间,主要生产 A、B 两种产品。

（五）企业核算程序和方法

1. 账务处理程序

采用记账凭证核算形式登记总账。

2. 存货核算方法

原材料的收发结存采用计划核算方法,材料成本差异按月份计算。库存商品、包装物、低值易耗品的收发结存采用先进先出法。

3. 产品生产成本核算方法

产品成本计算方法采用品种法,完工产品与在产品费用的分配采用约当产量法。

4. 坏账损失核算方法

坏账损失采用备抵法,年末按应收账款余额的 5% 的比例提取。

5. 无形资产和长期待摊费用的摊销情况

无形资产摊销采用直线法,摊销年限 10 年;长期待摊费用摊销采用直线法,摊销年限 5 年。

6. 工资附加费核算方法

工资附加费包括职工福利费,按工资总额的 14% 计提。

7. 其他规定

（1）原材料购进和验收入库,采用逐笔结转法,同时结转材料成本差异。

（2）根据运费普通发票计算的可抵扣进项税额应按运费及建设基金总和的 7% 计提。

（3）主营业务成本于期末计算结转。

（4）增值税税率为 17%,企业所得税税率为 25%,城建税税率为 7%,教育费附加税率为 3%。

（5）盈余公积提取率为 10%。

（6）如有小数,金额保留到小数点后 2 位,分配率保留到小数点后 4 位。

（7）如无特殊说明,金额单位为元。

(六) 实训资料

1. 2011 年 11 月 30 日科目余额表

科目余额表

2011 年 11 月 30 日　　　　　　　　　　　　　　　　　　　　单位:元

科目名称	期初借方余额	期初贷方余额
库存现金	1 849.00	
银行存款	638 760.00	
其他货币资金	117 000.00	
交易性金融资产	74 000.00	
应收票据	450 000.00	
应收账款	30 000.00	
其他应收款	1 000.00	
坏账准备		1 500.00
预付账款	182 000.00	
材料采购	205 000.00	
原材料	533 000.00	
周转材料	70 000.00	
材料成本差异	21 500.00	
库存商品	2 240 000.00	
长期股权投资	900 000.00	
固定资产	32 347 904.00	
累计折旧		4 156 780.00
在建工程	12 356 572.52	
工程物资	290 000.00	
无形资产	3 600 000.00	
累计摊销		3 458 000.00
长期待摊费用	180 000.00	
短期借款		7 500 000.00
应付票据		317 000.00
应付账款		367 000.00
预收款项		50 000.00
应付职工薪酬		238 000.00
应交税费		110 855.00
其中:应交增值税		100 000.00
应交城建税		7 000.00
应交教育费附加		3 000.00
应交个人所得税		855.00
长期借款		13 000 000.00
股本		20 000 000.00
盈余公积		36 536.00
未分配利润		3 456 358.00
本年利润		1 546 556.52
合计	54 238 585.52	54 238 585.52

2. 2011 年 11 月 30 日资产负债表

资产负债表

单位名称:黑龙江华光股份有限公司　　　　2011 年 11 月 30 日　　　　　　　　　　单位:元

项目	期末余额	年初余额	项目	期末余额	年初余额
流动资产:			流动负债:		
货币资金	757 609.00	585 772.00	短期借款	7 500 000.00	320 000.00
以公允价值计量且其变动计入当期损益的金融资产	74 000.00		以公允价值计量且其变动计入当期损益的金融负债		
应收票据	450 000.00	200 000.00	应付票据	317 000.00	580 000.00
应收账款	28 500.00	368 000.00	应付账款	367 000.00	635 000.00
预付款项	182 000.00	300 000.00	预收款项	50 000.00	125 000.00
应收利息			应付职工薪酬	238 000.00	182 000.00
应收股利		100 000.00	应交税费	110 855.00	148 500.00
其他应收款	1 000.00	2 500.00	应付利息		
存货	3 069 500.00	1 568 230.00	应付股利		
划分为持有待售的资产					
一年内到期的非流动资产			其他应付款		
其他流动资产			划分为持有待售的负债		
			一年内到期的非流动负债	1 000 000.00	1 000 000.00
流动资产合计	4 562 609.00	3 124 502.00	其他流动负债		
非流动资产:			流动负债合计	9 582 855.00	2 990 500.00
可供出售金融资产			非流动负债:		
持有至到期投资			长期借款	12 000 000.00	6 050 000.00
长期应收款			应付债券		
长期股权投资	900 000.00	1 080 000.00	长期应付款		
投资性房地产			专项应付款		
固定资产	28 191 124.00	24 578 690.00	预计负债		
在建工程	12 356 572.52	1 628 202.00	递延所得税负债		
工程物资	290 000.00	150 000.00	其他非流动负债		
固定资产清理			非流动负债合计	12 000 000.00	6 050 000.00
生产性生物资产			负债合计	21 582 855.00	9 040 500.00
油气资产			所有者权益(或股东权益):		
无形资产	142 000.00	802 000.00			
开发支出			实收资本(或股本)	20 000 000.00	20 000 000.00

续表

项目	期末余额	年初余额	项目	期末余额	年初余额
商誉			资本公积		
长期待摊费用	180 000.00	1 170 000.00	减:库存股		
			其他综合收益		
递延所得税资产			盈余公积	36 536.00	36 536.00
其他非流动资产			未分配利润	5 002 914.52	3 456 358.00
非流动资产合计	42 059 696.52	29 408 892.00	所有者权益(或股东权益)合计	25 039 450.52	23 492 894.00
资产总计	46 622 305.52	32 533 394.00	负债及所有者(或股东)权益总计	46 622 305.52	32 533 394.00

3.2011 年 12 月份会计凭证

记 账 凭 证

2011 年 12 月 1 日　　　　　　　　　　第 1 号

摘　要	会计科目		借方金额	贷方金额	√
	总账科目	明细科目	百十万千百十元角分	百十万千百十元角分	
支付到期的银行承兑汇票	应付票据		1 1 7 0 0 0 0 0		
支付到期的银行承兑汇票	银行存款			1 1 7 0 0 0 0 0	
合　　计			¥1 1 7 0 0 0 0 0	¥1 1 7 0 0 0 0 0	

附单据 壹 张

会计主管：钱庄　　　记账：赵丽　　　出纳：张平　　　复核：孙佳　　　制单：陈红

附件1.1

中 国 人 民 银 行 支付系统专用凭证   № HG000526000020

交易机构: 0068	交易日期: 2011-12-1	流水号: 002650
交易名称: 小额支付来账登记	业务种类: 汇兑	支付交易序号: 72211
发起行行号: 0351010	发起行名称: 工行珠江办事处	

汇款人名称: 黑龙江华光股份有限公司
汇款人账号: 035-1010-8212007
收款人名称: 北秀股份有限公司
收款人账号: 035-1052-2258799

接受行行号: 0351052	接受行名称: 工行新阳办事处	

金额 CNY 117 000.00
附言: 银行承兑汇票到期

委托收款日期: 2011-12-1	凭证号码: 00235684	单证类型: 02

分录

财务主管:	会计: 王明	复核: 刘弈	记账: 王辉

记 账 凭 证

2011 年 12 月 1 日 第 2 号

摘 要	会计科目		借方金额	贷方金额	√
	总账科目	明细科目	百十万千百十元角分	百十万千百十元角分	
偿还短期借款	短期借款		2 5 0 0 0 0 0 0		
偿还短期借款利息	应付利息		1 2 5 0 0 0 0		
偿还短期借款和利息	银行存款			2 6 2 5 0 0 0 0	
合 计			¥2 6 2 5 0 0 0 0	¥2 6 2 5 0 0 0 0	

附单据 壹 张

会计主管: 钱庄   记账: 赵丽   出纳: 张平   复核: 孙佳   制单: 陈红

附件2.1

偿还贷款凭证(第一联)

2011年12月1日

借款单位名称	黑龙江华光股份有限公司		贷款账号	035-1010-8212007		结算账号		
还款金额（大写）	贰拾陆万贰仟伍佰元整					千百十万千百十元角分 ¥ 2 6 2 5 0 0 0 0		
贷款种类	短期借款	借出日期	2011年6月1日		原约定还款日期	2011年12月1日		
上列款项已由你单位035-1010-8212007账户归还借款 中国工商银行股份有限公司哈尔滨 珠江办事处 核算专用章 (03)			会计分录： 收： 付： 复核员 记账员					

偿还贷款收据

记 账 凭 证

2011年12月2日　　　　　　　　　　　　　第3号

摘　要	会计科目		借方金额	贷方金额	√
	总账科目	明细科目	百十万千百十元角分	百十万千百十元角分	
购甲材料	材料采购	甲材料	1 5 0 0 0 0 0 0		
购甲材料	应交税费	应交增值税（进项税额）	2 5 5 0 0 0 0		
购甲材料	银行存款			1 7 5 5 0 0 0 0	
	合　计		¥ 1 7 5 5 0 0 0 0	¥ 1 7 5 5 0 0 0 0	

附单据 贰 张

会计主管：钱庄　　记账：赵丽　　出纳：张平　　复核：孙佳　　制单：陈红

附件3.1

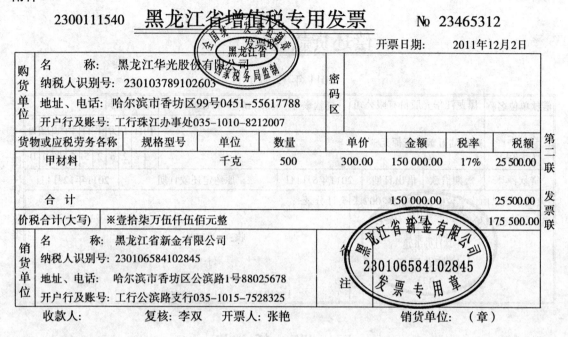

附件3.2

中国工商银行

转账支票存根

X Ⅵ 164701

科　目_____

对方科目_____

出票日期 2011年12月2日

收款人：黑龙江新金有限公司

金　额：175 500.00

用　途：购货款

单位主管　　　会计

记 账 凭 证

2011 年 12 月 3 日　　　　　　　　　　　第 4 号

摘 要	会计科目		借方金额	贷方金额	√
	总账科目	明细科目	百十万千百十元角分	百十万千百十元角分	
甲材料入库	原材料	甲材料	1 4 5 0 0 0 0 0		
甲材料入库	材料成本差异		5 0 0 0 0 0		
甲材料入库	材料采购	甲材料		1 5 0 0 0 0 0 0	
合　　计			¥1 5 0 0 0 0 0 0	¥1 5 0 0 0 0 0 0	

附单据 壹 张

会计主管：钱庄　　　记账：赵丽　　　出纳：　　　复核：孙佳　　　制单：陈红

附件 4.1

材料入库验收单

验收日期：2011 年 12 月 3 日　　　　　　　　编号：R1201

品名	规格	单位	数量	实际价格				计划价格	
				单价	总价	运杂费	合计	单价	合计
甲材料		千克	500	300.00	150 000.00		150 000.00	290.00	145 000.00
合计					150 000.00		150 000.00		145 000.00
备注									

第三联　会计记账联

供销主管：王宁　　　　　　　验收主管：张一　　　　　　　采购：刘贵

记账凭证

2011 年 12 月 4 日　　　　　　　　　　　　第 5 号

摘　要	会计科目		借方金额	贷方金额	√
	总账科目	明细科目	百十万千百十元角分	百十万千百十元角分	
购乙材料	材料采购	乙材料	9 9 8 0 0 0		
购乙材料	应交税费	应交增值税(进项税额)	1 6 9 6 6 0 0		
收回银行汇票余款	银行存款		2 3 4 0 0		
购入材料	其他货币资金			1 1 7 0 0 0 0 0	
合　　计			¥ 1 1 7 0 0 0 0 0	¥ 1 1 7 0 0 0 0 0	

会计主管：钱庄　　记账：赵丽　　出纳：张平　　复核：孙佳　　制单：陈红

附件 5.1

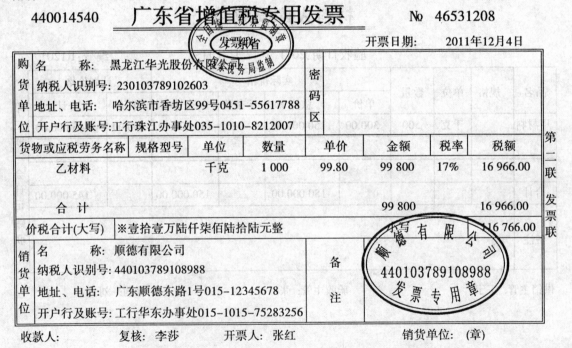

附件5.2

中国工商银行

银行汇票（解讫通知）3   票号

付款期限壹个月				

出票日期（大写）：贰零壹壹年壹拾贰月零肆日　　代理付款行：工行　　行号：986

收款人：顺德有限责任公司　　账号：015101575283256

出票金额　人民币（大写）：壹拾壹万柒仟元整

实际结算金额　人民币（大写）：壹拾壹万壹仟柒佰陆拾陆元整

千	百	十	万	千	百	十	元	角	分
			1	1	6	7	6	0	0

申请人：黑龙江华光股份有限公司　　账号：351010-8212-007

出票行：工行珠江办事处　行号：

备注：2303122565 工行珠江办事处 代理付款行签章

密押：

多余金额

千	百	十	万	千	百	十	元	角	分
						2	3	4	0 0

复核　经办　　王洋　　复核　记账

（中国工商银行股份有限公司哈尔滨分行 珠江办事处 汇票专用章(03)）

此联代理付款行兑付后随报单寄出票行

记 账 凭 证

2011年12月4日　　　　　　　第6号

摘要	会计科目		借方金额	贷方金额	√
	总账科目	明细科目	百十万千百十元角分	百十万千百十元角分	
乙材料入库	原材料	乙材料	1 0 0 0 0 0 0 0		
乙材料入库	材料成本差异			2 0 0 0 0	
乙材料入库	材料采购	乙材料		9 9 8 0 0 0 0	
合计			¥1 0 0 0 0 0 0 0	¥1 0 0 0 0 0 0 0	

会计主管：钱庄　　记账：赵丽　　出纳：　　复核：孙佳　　制单：陈红

附单据 壹 张

附件6.1

材料入库验收单

验收日期:2011年12月4日　　　　　　　　　　　　　编号:R1202

品名	规格	单位	数量	实际价格				计划价	
				单价	总价	运杂费	合计	单价	合计
乙材料		台	1 000	99.80	99 800.00		99 800.00	100.00	1 00 000.00
合计					99 800.00		99 800.00		100 000.00
务注									

第三联　会计记账联

供销主管:王宁　　　　　　　　验收主管:张一　　　　　　　　采购:刘贵

记 账 凭 证

2011年12月5日　　　　　　　　　　　　　　　第18号

摘　要	会计科目		借方金额	贷方金额	√
	总账科目	明细科目	百十万千百十元角分	百十万千百十元角分	
出售短期持有股票	其他货币资金		2 2 5 0 0 0 0		
出售短期持有股票	交易性金融资产	成本		2 0 0 0 0 0 0	
出售短期持有股票	投资收益			2 5 0 0 0 0	
合　计			¥2 2 5 0 0 0 0	¥2 2 5 0 0 0 0	

附单据壹张

会计主管:钱庄　　记账:赵丽　　出纳:张平　　复核:孙佳　　制单:陈红

附件 18.1

海通证券营业部卖出交割清单

成交日期	2011.12.10	证券名称	华帝股份
资金账号	93346866	成交数量	1 000
股东代码	523786	成交净价	23.00
股东姓名	黑龙江华光股份有限公司	成交金额	23 000.00
席位代码	5467	实收佣金	320.00
申请编号	201182	印花税	23.00
申报时间	10:22:08	过户费	157.00
成交时间	10:25:32	附加费	
单位利息	0	结算价格	22 500.00
成交编号	95677	实收金额	83 580.00
上次资金	100 000.00	本次资金	83 580.00
上次余股	10 000	本次余股	0
委托来源		打印日期	2011.12.10

记 账 凭 证

2011 年 12 月 5 日　　　　　　　　　　第 8 号

摘　要	会计科目		借方金额	贷方金额	√
	总账科目	明细科目	百十万千百十元角分	百十万千百十元角分	
购车床	固定资产	机器设备	8 6 3 2 5 0 0		附单据叁张
购车床	应交税费	应交增值税（销项税额）	1 4 6 7 5 2 5		
购车床	银行存款			1 0 1 0 0 0 2 5	
	合　计		¥1 0 1 0 0 0 2 5	¥1 0 1 0 0 0 2 5	

会计主管：钱庄　　　记账：赵丽　　　出纳：张平　　　复核：孙佳　　　制单：陈红

附件8.1

黑龙江省增值税专用发票

2300114540　　　　　　　　　　　　　　　　　　　　　№ 63465318

开票日期：　2011年12月5日

购货单位	名　称：黑龙江华光股份有限公司
	纳税人识别号：230103789102603
	地址、电话：哈尔滨市香坊区99号0451-55617788
	开户行及账号：工行珠江办事处035-1010-8212007

密码区

货物或应税劳务名称	规格型号	单位	数量	单价	金额	税率	税额
车床		台	1	86 325.00	86 325.00	17%	14 675.25
合　计					86 325.00		14 675.25

价税合计（大写）　壹拾万零壹仟元贰角伍分　　　　　　　101 000.25

销货单位	名　称：大兴有限责任公司
	纳税人识别号：230103667903765
	地址、电话：哈尔滨市奋斗路5号82345678
	开户行及账号：农行奋斗办事处016-1017-46285257

备注

收款人：　　　复核：李至　　　开票人：赵亮　　　销货单位：（章）

附件8.2

固定资产验收单

编号：146

取得日期：2011-12-5　　　　交付使用日期：2011-12-5

固定资产名称	型号	来源	使用年月	原值				
				买价	运杂费	工程费	其他	合计
车床	DW563	外购	2011年12月	86 325.00				86 325.00
预计残值	预计清理费用	预计使用年限	年折旧额	年折旧率	月折旧率		附属设备	
5%	4 316.25	10	8 200.88	9.5%	0.8%			
总经理	主管部门		使用部门		财会部门			
	经理	经办人	厂长	使用人	经理		会计	
	李晶		李伟	李岩	刘丽		陈红	

附件8.3

中国工商银行

转账支票存根

X Ⅵ 164702

科　目　_____

对方科目　_____

出票日期 2011年12月5日

转账收讫

收款人：大兴有限责任公司

金　额：101 000.25

用　途：购入固定资产

单位主管　　　　　会计

（盖章：大兴有限责任公司 2011.12.5）

记　账　凭　证

2011年12月6日　　　　　　　　　　　　　　　　　第9号

摘　要	会计科目		借方金额	贷方金额	√
	总账科目	明细科目	百十万千百十元角分	百十万千百十元角分	
购钢材	工程物资	钢材	1 0 0 0 0 0 0 0		
购钢材	银行存款			1 0 0 0 0 0 0 0	
	合　　计		¥　1 0 0 0 0 0 0 0	¥　1 0 0 0 0 0 0 0	

附单据 叁 张

会计主管：钱庄　　　记账：赵丽　　　出纳：张平　　　复核：孙佳　　　制单：陈红

附件9.1

黑龙江省增值税专用发票

2300113540　　　　　　　　　　　　　　　　　　　　No 78564206

开票日期：2011年12月6日

购货单位	名　　称：黑龙江华光股份有限公司 纳税人识别号：230103789102603 地址、电话：哈尔滨市香坊区99号0451-55617788 开户行及账号：工行珠江办事处035-1010-8212007	密码区			
货物或应税劳务名称	规格型号	单位	数量	单价	金额	税率	税额
钢材		吨	25	3 418.80	85 470.09	17%	14 529.91
合　计					85 470.09		14 529.91
价税合计(大写)	壹拾万元整				小写　100 000.00		
销货单位	名　　称：哈尔滨物资有限公司 纳税人识别号：230104369102654 地址、电话：哈尔滨市中山路15号82687634 开户行及账号：农行红旗办事处016-1017-52573226	备注			

收款人：　　　复核：李江　　开票人：张珊　　　　销货单位：（章）

附件9.2

材料入库验收单

验收日期：2011年12月6日　　　　　　编号：G8216

品名	规格	单位	数量	实际价格				计划价格	
				单价	总价	运杂费	合计	单价	合计
钢材		吨	25	4 000.00	100 000.00		100 000.00		
合计					100 000.00		100 000.00		
备注	工程用材料								

供销主管：王宁　　　　　验收主管：张一　　　　　采购：刘贵

附件9.3

中国工商银行

转账支票存根

X VI 164703

出票日期：2011年12月6日

收款人：哈物资公司

金　额：100 000.00

用　途：购钢材

单位主管　　　　会计

记 账 凭 证

2011年12月7日　　　　　　　　　　第10号

摘　要	会计科目		借方金额	贷方金额	√
	总账科目	明细科目	百十万千百十元角分	百十万千百十元角分	
领用钢材	在建工程		8 0 0 0 0 00		
领用钢材	工程物资	钢材		8 0 0 0 0 00	
	合　计		¥8 0 0 0 0 00	¥8 0 0 0 0 00	

会计主管：钱庄　　　记账：赵丽　　　出纳：　　　复核：孙佳　　　制单：陈红

附件 10.1

领　料　单

领料部门：基本生产车间　　　开票日期 2011 年 12 月 7 日　　　字第 0846 号

材料编号	材料名称	规格	单位	请领数量	实发数量	实际价格	
						单价	金额
11001	钢材		吨	20	20	4 000.00	80 000.00
合　计			（大写）捌万元整			（小写）¥ 80 000.00	
用途	在建工程	领料部门			发料部门		
		负责人	领料人	核准人	发料人		
			王洪		赵亮		

② 仓库记账后转财务科

记　账　凭　证

2011 年 12 月 8 日　　　　　　　　　　　第 11 号

摘　要	会计科目		借方金额								贷方金额								√
	总账科目	明细科目	百	十	万	千	百	十	元	角	分	百	十	万	千	百	十	元	角	分	
支付广告费	管理费用	广告费			5	3	0	0	0	0	0										
支付广告费	银行存款													5	0	0	0	0	0	0	
支付广告费	应交税费	应交增值税—进项税额													3	0	0	0	0	0	
合　计				¥	5	3	0	0	0	0	0		¥	5	3	0	0	0	0	0	

附单据 贰 张

会计主管：钱庄　　　记账：赵丽　　　出纳：张平　　　复核：孙佳　　　制单：陈红

附件 11.1

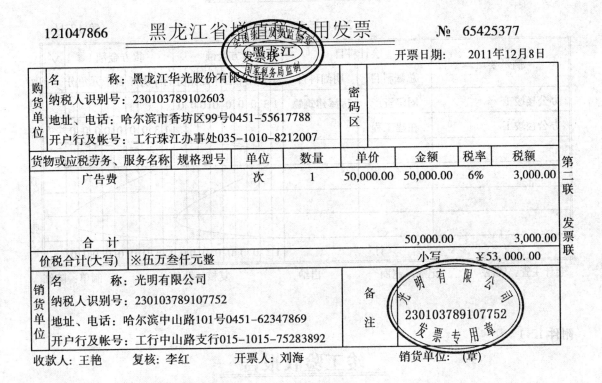

附件 11.2

收款人：光明有限公司
金　额：53 000.00
用　途：广告费

单位主管　　会计

记 账 凭 证

2011 年 12 月 8 日　　　　　　　　　　　　　　　　　第 12 号

摘　要	会计科目		借方金额	贷方金额	√
	总账科目	明细科目	百十万千百十元角分	百十万千百十元角分	
办公楼竣工	固定资产	房屋建筑物	1 3 0 0 0 0 0 0 0		
办公楼竣工	在建工程			1 3 0 0 0 0 0 0 0	
合　　计			1 3 0 0 0 0 0 0 0	1 3 0 0 0 0 0 0 0	

附单据 壹 张

会计主管：钱庄　　　记账：赵丽　　　出纳：　　　复核：孙佳　　　制单：陈红

附件 12.1

竣 工 验 收 报 告

使用部门：厂部　　　　　2011 年 12 月 8 日

名称	规格	建造单位	来源	使用年限
2号办公楼		哈建一公司	自建	50
验收工程	总造价	使用年限	预计净残值率	
2号办公楼建造	1 300 000.00	50	5%	
验收小组意见	工程质量：符合房屋建设的质量要求 使用情况：状况良好，可交付使用			
施工单位意见	同意验收结论	使用部门意见		同意交付使用

记 账 凭 证

2011 年 12 月 8 日　　　　　　　　　　　　　　　　第 13 号

摘　要	会计科目		借方金额	贷方金额	√
	总账科目	明细科目	百十万千百十元角分	百十万千百十元角分	
复印机报废	固定资产清理		2 0 0 0 0 0 0		
复印机报废	累计折旧		1 8 0 0 0 0 0 0		
复印机报废	固定资产	机器设备		2 0 0 0 0 0 0 0	
合　计			¥ 2 0 0 0 0 0 0 0	¥ 2 0 0 0 0 0 0 0	

附单据 壹 张

会计主管：钱庄　　　记账：赵丽　　　出纳：　　　复核：孙佳　　　制单：陈红

附件 13.1

固定资产清理单

2011 年 12 月 8 日

使用单位：生产车间　　　　　　　　　　　　　　　　编号：2011101

名称	编号	单位	数量	原始价值	已提折旧	净值	清理费	收回变价收入	预计使用年限	实际使用年限
复印机	200715	台	1	200 000.00	180 000.00	20 000.00	500.00	800.00	5年	4.5年
申请清理原因	设备老化，无法继续使用。									
处理意见	使用部门 李伟		技术鉴定小组 情况属实 李晶			固定资产管理部门 同意转入清理 田华			主管部门审批 同意 刘强	

记 账 凭 证

2011 年 12 月 8 日　　　　　　　　　　　　第 14 号

摘 要	会计科目		借方金额	贷方金额	√
	总账科目	明细科目	百十万千百十元角分	百十万千百十元角分	
支付拆卸费	固定资产清理		５５５００		附单据贰张
支付拆卸费	银行存款			５００００	
支付拆卸费	应交税费	应交增值税—进项税额		５５００	
合　　计			¥　　５５５００	¥　　５５５００	

会计主管：钱庄　　　记账：赵丽　　　出纳：张平　　　复核：孙佳　　　制单：陈红

附件 14.1

中国工商银行

转账支票存根

X Ⅵ 164705

科　目　_____

对方科目　_____

出票日期　2011 年 12 月 8 日

收款人：广海建安公司

金　额：555.00

用　途：拆卸费

单位主管　　　　　会计

附件14.2

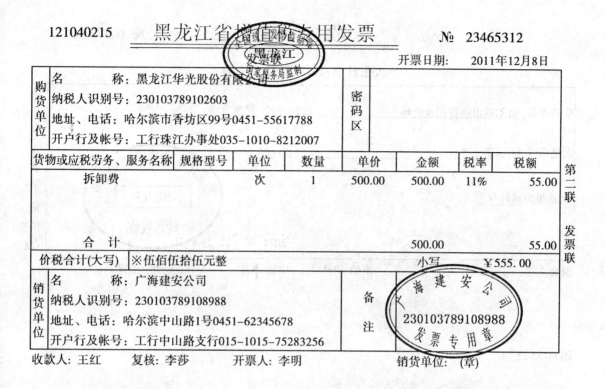

附件15.1

附件15.2

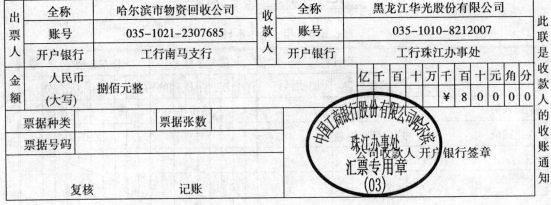

记 账 凭 证

2011 年 12 月 9 日　　　　　　　　　　　　　　第 16 号

摘　要	会计科目		借方金额	贷方金额	√
	总账科目	明细科目	百十万千百十元角分	百十万千百十元角分	
结转报废复印机净损失	营业外支出	处置非流动资产损失	1 9 7 0 0 0 0		
结转报废复印机净损失	固定资产清理			1 9 7 0 0 0 0	
合　　计			¥ 1 9 7 0 0 0 0	¥ 1 9 7 0 0 0 0	

附单据 / 张

会计主管：钱庄　　　记账：赵丽　　　出纳：　　　复核：孙佳　　　制单：陈红

记 账 凭 证

2011 年 12 月 9 日　　　　　　　　　　　　　　第 17 号

摘　要	会计科目		借方金额	贷方金额	√
	总账科目	明细科目	百十万千百十元角分	百十万千百十元角分	
收到长期借款	银行存款		4 0 0 0 0 0 0 0		
收到长期借款	长期借款			4 0 0 0 0 0 0 0	
合　　计			¥ 4 0 0 0 0 0 0 0	¥ 4 0 0 0 0 0 0 0	

附单据 贰 张

会计主管：钱庄　　　记账：赵丽　　　出纳：张平　　　复核：孙佳　　　制单：陈红

附件17.1

长期借款申请书

2011年12月9日

企业名称	黑龙江华光股份有限公司	法人代表	王刚	企业性质	股份有限公司
地址	哈尔滨市香坊区99号	财务负责人	刘丽	联系电话	0451-55617788
经营范围	生产销售A、B产品	主管部门			
借款期限	自2011年12月9日至2013年12月9日			申请金额	400 000.00
主要用途及效益说明：	本公司近半年来，生产情况很好，产品销售情况有所好转，但由于回收货款较困难，特申请长期贷款。				
财务负责人：	经办人：赵丽	信贷员意见： 行主管领导：张丰　　信贷部门负责人：李军			

附件17.2

贷款凭证（3）（收账通知）

2011年12月9日

总字第8010号
字第120号

贷款单位名称	黑龙江华光股份有限公司	种类	长期贷款	贷款户账号	035-1010-8212007								
金额	人民币(大写)：肆拾万元整				千	百	十	万	千	百	十	元	角	分
				¥		4	0	0	0	0	0	0	0
用途	生产周转	申请单位期限	自2011年12月9日至2013年12月9日止	利率	6.00%
		银行核定期限	自2011年12月9日至2013年12月9日止		
上列贷款已核准发放 长期 贷款 并已转收你单位珠江办事处账号		单位会计分录	
		收入	
		付出	
		复核	记账
银行签章		主管	会计

记 账 凭 证

2011 年 12 月 5 日　　　　　　　　　　　第 7 号

摘要	会计科目		借方金额	贷方金额	√
	总账科目	明细科目	百十万千百十元角分	百十万千百十元角分	
销售产品	银行存款		8 1 9 0 0 0 0 0		
销售产品	主营业务收入	A产品		7 0 0 0 0 0 0 0	
销售产品	应交税费	应交增值税（销项税额）		1 1 9 0 0 0 0 0	
合　计			¥ 8 1 9 0 0 0 0 0	¥ 8 1 9 0 0 0 0 0	

会计主管：钱庄　　　记账：赵丽　　　出纳：张平　　　复核：孙佳　　　制单：陈红

附单据 叁 张

附件7.1

销售产品出库单

购货单位：哈尔滨市思瑞公司　　　2011 年 12 月 5 日　　　　　编号：C1201

产品编号	产品名称	型号规格	单位	数量	单价	金额	备注
	A产品		台	350	2 000.00	700 000.00	
备　注				结算方式	支票	运输方式	自提

部长：王丽　　　　　　　　　发货：田杨　　　　　　　　制单：马成

第三联　财务记账

附件7.2

黑龙江省增值税专用发票

2300104540　　　　　　　　　　　　　　　　　　　　　　No 4005010

开票日期：2011年12月5日

购货单位	名　称：	哈尔滨市思瑞公司	密码区				
	纳税人识别号：	230103310352189					
	地址、电话：	哈尔滨市铁路街72号54326688					
	开户行及账号：	工行铁路支行 035-1063-35012356					

货物或应税劳务名称	规格型号	单位	数量	单价	金额	税率	税额
A产品		台	350	2 000.00	700 000.00	17%	119 000.00
合　计					700 000.00		119 000.00
价税合计(大写)	※捌拾壹万玖仟元整			小写	819 000.00		

销货单位	名　称：	黑龙江华光股份有限公司	备注
	纳税人识别号：	230103789102603	
	地址、电话：	哈尔滨市香坊区99号0451-55617788	
	开户行及账号：	工行珠江办事处035-1010-8212007	

收款人：　　　复核：李莎　开票人：张红　　　　　销货单位：(章)

第四联 记账联

附件7.3

中国工商银行 进账单（收账通知）

2011年12月5日

出票人	全称	哈尔滨市思瑞公司	收款人	全称	黑龙江华光股份有限公司
	账号	035-1063-35012356		账号	035-1010-8212007
	开户银行	工行铁路支行		开户银行	工行珠江办事处

金额	人民币(大写)	捌拾壹万玖仟元整	亿	千	百	十	万	千	百	十	元	角	分
						8	1	9	0	0	0	0	0

票据种类	转账支票	票据张数	1张
票据号码			

复核　　　　　记账　　　　　收款人开户银行签章

此联是收款人的收账通知

记 账 凭 证

2011 年 12 月 10 日　　　　　　　　　　　　第 19 号

摘要	会计科目		借方金额	贷方金额
	总账科目	明细科目	百十万千百十元角分	百十万千百十元角分
缴纳增值税	应交税费	应交增值税（已交税金）	1 0 0 0 0 0 0 0	
缴纳增值税	银行存款			1 0 0 0 0 0 0 0
	合　　计		¥ 1 0 0 0 0 0 0 0	¥ 1 0 0 0 0 0 0 0

附单据 壹 张

会计主管：钱庄　　　记账：赵丽　　　出纳：张平　　　复核：孙佳　　　制单：陈红

附件 19.1

税收通用缴款书

隶属关系：　　　　　　　　　　　　　　　　　　　　　　　　　No 0352865
注册类型：　　　　　　填发日期：2011 年 12 月 10 日　　征收机关：香坊税务局

缴款单位（人）	代　码	230103789102603	预算科目	编码	101090300
	全　称	黑龙江华光股份有限公司		名称	股份制企业增值税
	开户银行	工行珠江办事处		级次	市级100%
	账　号	035-1010-8212007		收款国库	工行开发区支行

税款所属时期　2011年11月1-30日　　税款限缴时期　2011年12月15日

品目名称	课税数量	计税金额或销售收入	税率或单位税额	已缴或扣除额	实缴金额
市区（增值税附征）		988 235.29	17%	68 000.00	100 000.00

（大写）壹拾万元整

经办人（章）　　填票人（章）　　国库（银行）盖章

记 账 凭 证

2011 年 12 月 10 日　　　　　　　　　　　　　第 20 号

摘 要	会计科目		借方金额	贷方金额	√
	总账科目	明细科目	百十万千百十元角分	百十万千百十元角分	
缴纳城建税	应交税费	应交城建税	7 0 0 0 0 0		
缴纳城建税	银行存款			7 0 0 0 0 0	
	合　计		¥ 7 0 0 0 0 0	¥ 7 0 0 0 0 0	

附单据 壹 张

会计主管：钱庄　　记账：赵丽　　出纳：　　复核：孙佳　　制单：陈红

附件 20.1

税收通用缴款书

隶属关系：　　　　　　　　　　　　　　　　　　　　No 0352866
注册类型：　　　　填发日期：2011 年 12 月 10 日　　征收机关：香坊税务局

缴款单位（人）	代　码	230103789102603	预算科目	编码	101090300
	全　称	黑龙江华光股份有限公司		名称	城市维护建设税
	开户银行	工行珠江办事处		级次	市级100%
	账　号	035-1010-8212007	收款国库		工行开发区支行

税款所属时期	2011年11月1-30日		税款限缴时期	2011年12月15日
品目名称	课税数量	计税金额或销售收入	税率或单位税额	已缴或扣除额	实缴金额
市区（增值税附征）		100 000.00	7%		7 000.00

金额（大写）　柒仟元整

经办人（章）　　填票人（章）　　税务机关（征税专用章）　　国库（银行）盖章

记 账 凭 证

2011 年 12 月 10 日　　　　　　　　　　　第 21 号

摘　要	会计科目		借方金额	贷方金额	√
	总账科目	明细科目	百十万千百十元角分	百十万千百十元角分	
缴纳教育费附加	应交税费	应交教育费附加	3 0 0 0 0 0		
缴纳教育费附加	银行存款			3 0 0 0 0 0	
合　　计			￥3 0 0 0 0 0	￥3 0 0 0 0 0	

附单据 壹 张

会计主管：钱庄　　　记账：赵丽　　　出纳：　　　复核：孙佳　　　制单：陈红

31

附件21.1

税收通用缴款书

No 0352867

隶属关系：　　　　　　　　　　　　　填发日期：2011年12月10日　　征收机关：香坊税务局
注册类型：

缴款单位（人）	代　码	230103789102603	预算科目	编码	103020301
	全　称	黑龙江华光股份有限公司		名称	教育费附加
	开户银行	工行珠江办事处		级次	市级100%
	账　号	035-1010-8212007	收款国库		工行开发区支行

税款所属时期　2011年11月1-30日　　　税款限缴时期　2011年12月15日

品目名称	课税数量	计税金额或销售收入	税率或单位税额	已缴或扣除额	实缴金额
市区（增值税附征）		100 000.00	3%		3 000.00
金额合计	（大写）叁仟元整				
缴款单位（人）（盖章）	经办人（章）	填票人（章）	上列款项已收妥并划转收款单位账户 国库（银行）盖章		

第一联（收据）国库收款盖章后退缴款单位作完税

记 账 凭 证

2011 年 12 月 10 日　　　　　　　　　　　　　　　第 22 号

摘　要	会计科目		借方金额	贷方金额	√
	总账科目	明细科目	百十万千百十元角分	百十万千百十元角分	
缴纳个人所得税	应交税费	应交个人所得税	8 5 5 0 0		
缴纳个人所得税	银行存款			8 5 5 0 0	
合　计			￥8 5 5 0 0	￥8 5 5 0 0	

附单据 壹 张

会计主管：钱庄　　　记账：赵丽　　　出纳：　　　复核：孙佳　　　制单：陈红

附件22.1

税收通用缴款书

隶属关系： No 0352868

注册类型： 填发日期：2011年12月10日 征收机关：香坊税务局

缴款单位（人）	代 码	230103789102603	预算科目	编码	10106109
	全 称	黑龙江华光股份有限公司		名称	其他个人所得税
	开户银行	工行珠江办事处		级次	中央60%市24%区(县)16%
	账 号	035-1010-8212007	收款国库		工行开发区支行
税款所属时期		2011年11月1-30日	税款限缴时期		2011年12月15日
品目名称	课税数量	计税金额或销售收入	税率或单位税额	已缴或扣除额	实缴金额
工资薪金所得	30				855.00
金额合计	（大写）捌佰伍拾伍元整				
缴款单位(人)(盖章)	填票人（章）	税务机关 征税专用章	上列款项已收妥并划入收款单位账户 国库（银行）盖章	备注	

第一联（收据）国库收款盖章后退缴款单位作完税

记 账 凭 证

2011 年 12 月 12 日　　　　　　　　　　　　　　　　第 23 号

摘 要	会计科目		借方金额	贷方金额	√
	总账科目	明细科目	百十万千百十元角分	百十万千百十元角分	
出售车床	固定资产清理		2 5 0 0 0 0 0 0		
出售车床	累计折旧		1 5 0 0 0 0 0 0		
出售车床	固定资产	机器设备		4 0 0 0 0 0 0 0	
	合　　计		¥4 0 0 0 0 0 0 0	¥4 0 0 0 0 0 0 0	

附单据 壹 张

会计主管：钱庄　　　记账：赵丽　　　出纳：　　　复核：孙佳　　　制单：陈红

附件 23.1

固定资产清理单

2011 年 12 月 12 日

使用单位：生产车间　　　　　　　　　　　　　　　　编号：2011102

名称	编号	单位	数量	原始价值	已提折旧	净值	清理费	收回变价收入	预计使用年限	实际使用年限
车床	200816	台	1	400 000.00	150 000.00	250 000.00			10年	3.75年
申请清理原因	不再使用，进行出售。									
处理意见	使用部门			技术鉴定小组			固定资产管理部门		主管部门审批	
				情况属实			同意转入清理		同意	
	李伟			刘丽			田华		刘强	

记 账 凭 证

2011 年 12 月 12 日　　　　　　　　　　　　　　第 24 号

摘要	会计科目		借方金额	贷方金额	√
	总账科目	明细科目	百十万千百十元角分	百十万千百十元角分	
收到转让车床款	银行存款		3 0 0 0 0 0 0 0		
收到转让车床款	固定资产清理			2 9 4 2 3 0 7 7	
收到转让车床款	应交税费	应交增值税（销项税额）		5 7 6 9 2 3	
合　计			￥3 0 0 0 0 0 0 0	￥3 0 0 0 0 0 0 0	

附单据 贰 张

会计主管：钱庄　　　记账：赵丽　　　出纳：张平　　　复核：孙佳　　　制单：陈红

附件 24.1

中国工商银行 进账单（收账通知）

2011 年 12 月 12 日

出票人	全称	黑龙江省新金有限公司	收款人	全称	黑龙江华光股份有限公司	此联是收款人的收账通知
	账号	035-1015-7528325		账号	035-1010-8212007	
	开户银行	工行公滨路支行		开户银行	工行珠江办事处	
金额	人民币（大写）	叁拾万元整			亿千百十万千百十元角分　￥3 0 0 0 0 0 0 0	
	票据种类	转账支票	票据张数	1张		
	票据号码					
		复核		记账	收款人开户银行签章	

（中国工商银行股份有限公司珠江办事处 核算专用章 (03)）

附件24.2

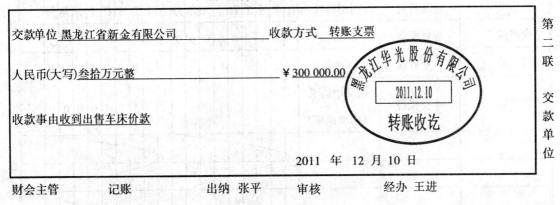

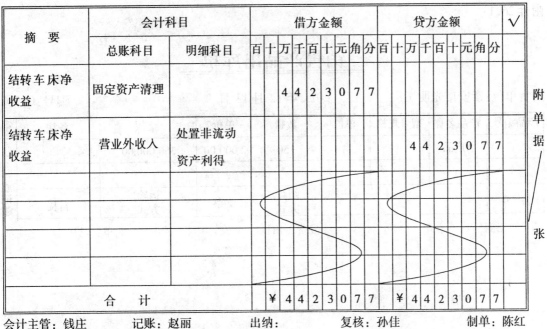

记 账 凭 证

2011 年 12 月 13 日　　　　　　　　　　　第 26 号

摘 要	会计科目		借方金额	贷方金额	√
	总账科目	明细科目	百十万千百十元角分	百十万千百十元角分	
销售产品	应收账款	光明工厂	3 5 1 0 0 0 0 0		
销售产品	主营业务收入	A产品		3 0 0 0 0 0 0 0	
销售产品	应交税费	应交增值税（销项税额）		5 1 0 0 0 0 0	
合　　计			¥3 5 1 0 0 0 0 0	¥3 5 1 0 0 0 0 0	

会计主管：钱庄　　　记账：赵丽　　　出纳：　　　复核：孙佳　　　制单：陈红

附单据 贰 张

附件 26.1

销售产品出库单

购货单位：泰安市光明工厂　　　2011 年 12 月 13 日　　　　　　编号：C1202

产品编号	产品名称	型号规格	单位	数量	单价	金额	备注
	A产品		台	150	2 000.00	300 000.00	
备　注			结算方式	支票	运输方式	自提	

部长：王丽　　　　　　发货：田杨　　　　　　制单：马成

第三联　财务记账

附件26.2

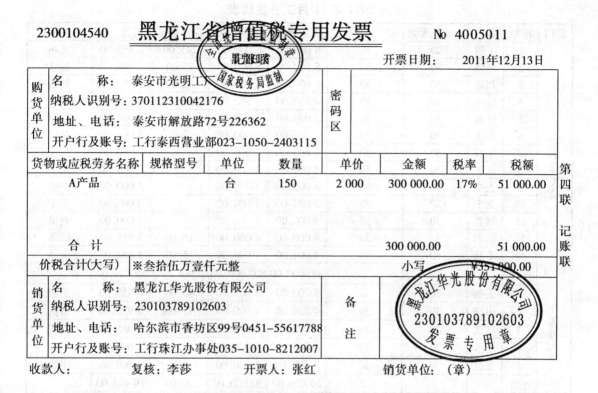

附件 27.1

2011 年 11 月工资发放表

部门	序号	姓名	应出勤天数	实际出勤天数	工资标准	应领工资	应扣个税	实领工资	签字
厂部管理人员	1	王刚	30	30	6 000.00	6 000.00	145.00	5 855.00	王刚
	2	刘强	30	30	5 500.00	5 500.00	95.00	5 405.00	刘强
	3	刘丽	30	30	5 000.00	5 000.00	45.00	4 955.00	刘丽
	4	钱庄	30	30	4 500.00	4 500.00	30.00	4 470.00	钱庄
	5	赵丽	30	30	3 000.00	3 000.00		3 000.00	赵丽
	6	孙佳	30	30	3 000.00	3 000.00		3 000.00	孙佳
	7	陈红	30	30	3 000.00	3 000.00		3 000.00	陈红
	8	张平	30	30	3 000.00	3 000.00		3 000.00	张平
	9	王杰	30	30	3 000.00	3 000.00		3 000.00	王杰
	10	王宁	30	30	3 000.00	3 000.00		3 000.00	王宁
	11	刘贵	30	30	3 000.00	3 000.00		3 000.00	刘贵
	12	田华	30	30	4 000.00	4 000.00	15.00	3 985.00	田华
	13	李晶	30	30	4 000.00	4 000.00	15.00	3 985.00	李晶
	小计				500 000.00	500 000.00	345.00	49 655.00	
销售人员	1	王丽	30	30	5 000.00	5 000.00	45.00	4 955.00	王丽
	2	田扬	30	30	4 000.00	4 000.00	15.00	3 985.00	田扬
	3	马成	30	30	4 000.00	4 000.00	15.00	3 985.00	马成
	4	李莎	30	30	4 000.00	4 000.00	15.00	3 985.00	李莎
	5	张红	30	30	3 000.00	3 000.00		3 000.00	张红
	小计				20 000.00	20 000.00	90.00	19 910.00	
在建工程人员	1	张至	30	30	4 000.00	4 000.00	15.00	3 985.00	张至
	2	李刚	30	30	4 000.00	4 000.00	15.00	3 985.00	李刚
	3	刘园	30	30	4 000.00	4 000.00	15.00	3 985.00	刘园
	4	张星	30	30	4 000.00	4 000.00	15.00	3 985.00	张星
	5	陈涛	30	30	4 000.00	4 000.00	15.00	3 985.00	陈涛
	6	赵丹	30	30	4 000.00	4 000.00	15.00	3 985.00	赵丹
	7	李想	30	30	4 000.00	4 000.00	15.00	3 985.00	李想
	8	钱航	30	30	4 000.00	4 000.00	15.00	3 985.00	钱航
	小计				32 000.00	32 000.00	120.00	31 880.00	

续表

部门		序号	姓名	应出勤天数	实际出勤天数	工资标准	应领工资	应扣个税	实领工资	签字
生产车间	管理人员	1	丁一	30	30	5 000.00	5 000.00	45.00	4 955.00	丁一
		2	杨洋	30	30	5 000.00	5 000.00	45.00	4 955.00	杨洋
		小计				10 000.00	10 000.00	90.00	9 910.00	
	生产工人	1	李岩	30	30	5 000.00	5 000.00	45.00	4 955.00	李岩
		2	张勇	30	30	5 000.00	5 000.00	45.00	4 955.00	张勇
		3	王洪	30	30	4 000.00	4 000.00	15.00	3 985.00	王洪
		4	宁新	30	30	4 000.00	4 000.00	15.00	3 985.00	宁新
		5	赵盈	30	30	4 000.00	4 000.00	15.00	3 985.00	赵盈
		6	宋梅	30	30	4 000.00	4 000.00	15.00	3 985.00	宋梅
		7	王建	30	30	4 000.00	4 000.00	15.00	3 985.00	王建
		8	陈明	30	30	4 000.00	4 000.00	15.00	3 985.00	陈明
		9	赵亮	30	30	4 000.00	4 000.00	15.00	3 985.00	赵亮
		10	张一	30	30	4 000.00	4 000.00	15.00	3 985.00	张一
		11	郭湘	30	30	3 000.00	3 000.00		3 000.00	郭湘
		12	任丹	30	30	3 000.00	3 000.00		3 000.00	任丹
		小计				48 000.00	48 000.00	210.00	47 790.00	
合计						160 000.00	160 000.00	855.00	159 145.00	

附件27.2

中国工商银行

现金支票存根

Ⅹ Ⅵ 274600

科　目　_____

对方科目　_____

出票日期 2011年12月14日

| 收款人：华光股份有限公司 |
| 金　额：159 145.00 |
| 用　途：提取工资款 |

单位主管　　　会计

记　账　凭　证

2011 年 12 月 15 日　　　　　　　　　　第 28 号

摘　要	会计科目		借方金额	贷方金额	√
	总账科目	明细科目	百十万千百十元角分	百十万千百十元角分	
生产领用材料	生产成本	A产品	1 1 6 0 0 0 0 0		
车间领用材料	制造费用	机物料消耗	5 8 0 0 0 0 0		
领用材料	原材料	甲材料		1 7 4 0 0 0 0 0	
合　计			¥ 1 7 4 0 0 0 0 0	¥ 1 7 4 0 0 0 0 0	

附单据 壹 张

会计主管：钱庄　　　记账：赵丽　　　出纳：　　　复核：孙佳　　　制单：陈红

附件28.1

领 料 单

领料部门：基本生产车间　　开票日期 2011 年 12 月 15 日　　字第 0847 号

材料编号	材料名称	规格	单位	请领数量	实发数量	计划价格	
						单价	金额
11001	甲材料		千克	600	600	290.00	174 000.00
合　　计				（大写）壹拾柒万肆仟元整		（小写）￥174 000.00	
用途	A产品：甲材料400千克 生产车间机物料消耗： 甲材料200千克		领料部门			发料部门	
^	^		负责人	领料人	核准人	发料人	
^	^			王洪		赵亮	

② 仓库记账后转财务科

记 账 凭 证

2011 年 12 月 16 日　　　　　　　　　　第 29 号

摘要	会计科目		借方金额	贷方金额	√
	总账科目	明细科目	百十万千百十元角分	百十万千百十元角分	
车间领用工具	制造费用	低值易耗品摊销	5 0 0 0 0 0 0		
车间领用工具	周转材料	低值易耗品		5 0 0 0 0 0 0	
合　　计			￥　　5 0 0 0 0 0 0	￥　　5 0 0 0 0 0 0	

附单据 壹 张

会计主管：钱庄　　记账：赵丽　　出纳：　　复核：孙佳　　制单：陈红

附件29.1

领 料 单

领料部门：基本生产车间　　　开票日期 2011 年 12 月 16 日　　　字第 0848 号

材料编号	材料名称	规格	单位	请领数量	实发数量	计划价格	
						单价	金额
52330	工具		件	10	10	5 000.00	50 000.00
合　　计			（大写）伍万元整			（小写）¥50 000.00	
用途	车间维修	领料部门			发料部门		
		负责人	领料人	核准人	发料人		
			王洪		赵亮		

②仓库记账后转财务科

记 账 凭 证

2011 年 12 月 18 日　　　第 30 号

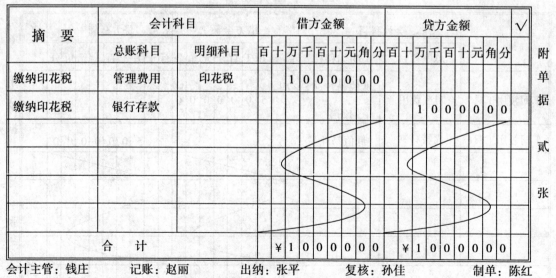

会计主管：钱庄　　　记账：赵丽　　　出纳：张平　　　复核：孙佳　　　制单：陈红

附件30.1

中华人民共和国
印花税票销售凭证

№ 00005234 地

填发日期：2011年12月18日　　（2011）黑地印字　号

购买单位	黑龙江华光股份有限公司		购买人	赵丽	
购买印花税票					
面值种类	数 量	金 额	面值种类	数 量	金 额
壹角票			伍元票	50	250.00
贰角票			拾元票	75	750.00
伍角票			伍拾元票	70	35 000.00
壹元票			壹佰元票	64	64 000.00
贰元票			总　计		
金额（大写）壹拾万元整				￥10 000.00	
销　售　单　位（盖　章）		售　票　人（盖　章）		备注	

第二联（收据）购票单位作报销凭证

哈尔滨市地方税务局香坊分局
计征科
征税专用章

附件 30.2

中国工商银行

转账支票存根

X Ⅵ 164706

科　目 _____

对方科目

出票日期 2011 年 12 月 8 日

收款人：香坊地税

金　额：10 000.00

用　途：印花税

单位主管　　会计

记　账　凭　证

2011 年 12 月 19 日　　　　　　　　　　　　　　　第 31 号

摘　要	会计科目		借方金额	贷方金额	√
	总账科目	明细科目	百十万千百十元角分	百十万千百十元角分	
收回货款	银行存款		5 1 0 0 0 0 0		
收回货款	应收账款	博实工厂		5 1 0 0 0 0 0	
合　计			￥ 5 1 0 0 0 0 0	￥ 5 1 0 0 0 0 0	

附单据 壹 张

会计主管：钱庄　　　记账：赵丽　　　出纳：张平　　　复核：孙佳　　　制单：陈红

附件31.1

中国工商银行 进账单（收账通知）

2011 年 12 月 19 日

出票人	全称	哈尔滨博实工厂	收款人	全称	黑龙江华光股份有限公司	此联是收款人的收账通知
	账号	035-6226-7178822		账号	035-1010-8212007	
	开户银行	工行大桥支行		开户银行	工行珠江办事处	

金额	人民币（大写）	伍万壹仟元整	亿千百十万千百十元角分 ¥ 5 1 0 0 0 0 0

票据种类		票据张数	
票据号码			

（中国工商银行股份有限公司哈尔滨珠江办事处汇票专用章(03)）收款人开户银行签章

复核　　　　记账

记 账 凭 证

2011 年 12 月 20 日　　　　　　　　　　　第 32 号

摘　要	会计科目		借方金额	贷方金额	√
	总账科目	明细科目	百十万千百十元角分	百十万千百十元角分	
支付审计费	管理费用	审计费	6 0 0 0 0 0		
支付审计费	银行存款			6 0 0 0 0 0	
支付审计费	应交税费	应交增值税—进项税额		3 6 0 0 0	
	合　计		¥ 6 3 6 0 0 0	¥ 6 3 6 0 0 0	

附单据 贰 张

会计主管：钱庄　　记账：赵丽　　出纳：张平　　复核：孙佳　　制单：陈红

附件 32.1

附件 32.2

记 账 凭 证

2011 年 12 月 21 日　　　　　　　　　　　　　　　　　　第 33 号

摘　要	会计科目		借方金额	贷方金额
	总账科目	明细科目	百十万千百十元角分	百十万千百十元角分
购长期股权投资成本	长期股权投资	成本	3 0 0 0 0 0 0 0	
购入中股利	应收股利	向阳公司	2 0 0 0 0 0 0	
购长期股权	银行存款			3 2 0 0 0 0 0 0
合　计			¥3 2 0 0 0 0 0 0	¥3 2 0 0 0 0 0 0

附单据 贰 张

会计主管：钱庄　　　记账：赵丽　　　出纳：张平　　　复核：孙佳　　　制单：陈红

附件 33.1

股权转让协议书

转让方：向阳股份有限公司

受让方：黑龙江华光股份有限公司

　　经双方协议，并经公司股东会批准，向阳股份有限公司股权转让事宜达成如下协议：

　　一、转让方将其5%的股权20万股，以每股1.5元依法转让给受让方。

　　二、受让方同意接受该转让的股份。

　　三、转让价格为人民币32万元整，其中含2万元股利，受让方在本协议之日向转让方支付价款。

　　四、本协议自双方签字盖章后生效。本协议生效后，由公司尽快完成相关的工商登记变更手续。

　　五、本协议一式三份，经双方签字后生效。

转让方（签字、盖章）：　　　　　　　　　受让方（签字、盖章）：
　　李阳　　　　　　　　　　　　　　　　　张星
　2011年12月21日　　　　　　　　　　　　2011年12月21日

附件33.2

中国工商银行信汇凭证（付款通知单）

委托日期：2011年12月21日　　　　　　　　　　第0892号

汇款人	全称	黑龙江华光股份有限公司	收款人	全称	向阳股份有限责任公司
	账号或住址	035-1010-8212007		账号或住址	015-1023-12346677
	汇出地点	黑龙江省 市县	汇出行名称 工行珠江办		汇入地点 广东省 市县	汇入行名称 工行中山支

金额	人民币：（大写） 叁拾贰万元整	千百十万千百十元角分 ¥ 3 2 0 0 0 0 0 0

汇款用途：付货款

汇出行盖章：中国工商银行股份有限公司珠江办事处 核算专用章 2003年12月21日

单位主管　　　会计　　　复核　　　记账

记　账　凭　证

2011年12月22日　　　　　　　　　　　　　第34号

摘要	会计科目		借方金额	贷方金额	√
	总账科目	明细科目	百十万千百十元角分	百十万千百十元角分	
销售产品	应收票据		2 9 2 5 0 0 0 0 0		
销售产品	主营业务收入	A产品		2 5 0 0 0 0 0 0 0	
销售产品	应交税费	应交增值税（销项税额）		4 2 5 0 0 0 0 0	
	合　计		2 9 2 5 0 0 0 0 0	2 9 2 5 0 0 0 0 0	

附单据叁张

会计主管：钱庄　　记账：赵丽　　出纳：　　复核：孙佳　　制单：陈红

附件34.1

银 行 承 兑 汇 票 2 AB/01 1560242

出票日期（大写）贰零壹壹年壹拾贰月贰拾贰日

付款人	全称	光芒工厂	收款人	全称	黑龙江华光股份有限公司
	账号	035-1031-5432240		账号	035-1010-8212007
	开户银行	工行宣西营业部		开户银行	工行珠江办事处

出票金额	人民币（大写）	贰佰玖拾贰万伍仟元整	亿千百十万千百十元角分 ¥ 2 9 2 5 0 0 0 0 0

汇票到期日（大写）	贰零壹贰年零叁月贰拾贰日	付款人开户行	行号	2403115432
交易合同号码	18676		地址	

本汇票已经承兑，到期无条件支付票款。 本汇票请予以承兑于到期日付款。

承兑人签章（中国工商银行股份有限公司 珠江办事处 汇票专用章（03））

承兑日期：2011 年 12 月 22 日

出票人签章（光芒工厂财务专用章；之张印明）

此联持票人开户行随托收凭证寄付款人开户行作借方凭证附件

附件34.2

销售产品出库单

购货单位：光芒工厂　　　　2011 年 12 月 22 日　　　　编号：C1203

产品编号	产品名称	型号规格	单位	数量	单价	金额	备注
	A产品		台	1 250	2 000.00	2 500 000.00	
备注			结算方式		运输方式	自提	

部长：王丽　　　　发货：田杨　　　　制单：马成

第三联　财务记账

附件34.3

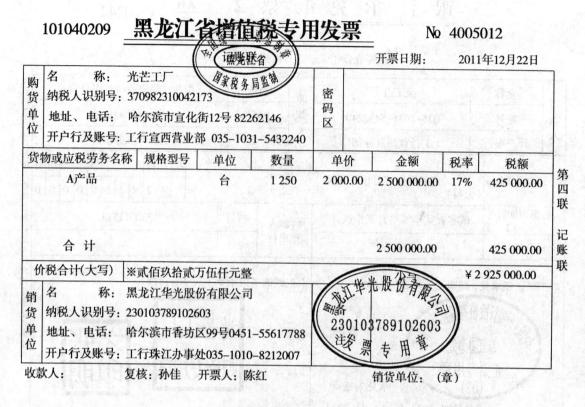

记 账 凭 证

2011 年 12 月 23 日　　　　　　　　　　　　　　　第 35 号

摘要	会计科目		借方金额	贷方金额	√
	总账科目	明细科目	百十万千百十元角分	百十万千百十元角分	
票据贴现利息	财务费用		2 0 0 0 0 0		
收到票据贴现款	银行存款		2 4 8 0 0 0 0 0		
票据贴现	应收票据			2 5 0 0 0 0 0 0	
合　计			￥ 2 5 0 0 0 0 0 0	￥ 2 5 0 0 0 0 0 0	

会计主管：钱庄　　记账：赵丽　　出纳：张平　　复核：孙佳　　制单：陈红

附件35.1

贴现凭证(收账通知)   4

填写日期:贰零壹壹年壹拾贰月贰拾叁日   第24578号

贴现汇票	种类	商业承兑汇票	号码	SCO2587	申请人	名称	黑龙江华光股份有限公司	此联银行给贴现申请人的收款通知
	发票日	2011年8月23日				账号	035-1010-8212007	
	到期日	2012年2月23日				开户银行	工行珠江办事处	
汇票承兑人(或银行)	名称	泰安市光明工厂		账号	2403115589	开户银行	工行泰西营业部	
汇票金额(贴现金额)	人民币(大写)	贰拾伍万元整					¥250000 00	
贴现率 每月	4‰	贴现利息		¥2000 00	实付贴现金额		¥248000 00	
上述贴现已入你单位账户此致 中国工商银行股份有限公司 珠江办事处 核算专用章 (03) 2011年12月23日 银行盖章					备注:			

记 账 凭 证

2011 年 12 月 24 日   第 36 号

摘 要	会计科目		借方金额	贷方金额	√
	总账科目	明细科目	百十万千百十元角分	百十万千百十元角分	
支付前欠货款	应付账款	顺德公司	45000 00		
支付前欠货款	银行存款			45000 00	
	合 计		¥45000 00	¥45000 00	

会计主管：钱庄   记账：赵丽   出纳：张平   复核：孙佳   制单：陈红

附件 36.1

中国工商银行信汇凭证（付款通知单）　1

贰零壹壹年壹拾贰月贰拾肆日　　　　　　　　　第 5103 号

汇款人	全称	黑龙江华光股份有限公司				收款人	全称	顺德有限公司			
	账号或住址	035-1010-8212007					账号或住址	015-1015-75283256			
	汇出地点	黑龙江省	市县	汇出行名称	工行珠江办		汇入地点	广东省	市县	汇入行名称	工行华东办
金额	人民币：（大写）	肆万伍仟元整						千百十万千百十元角分 ¥ 4 5 0 0 0 0 0			

汇款用途：付货款

汇出行盖章：中国工商银行股份有限公司珠江办事处汇票专用章（03）2011年12月24日

单位主管　　会计　　复核　　记账

此联汇出行给汇款人的付款通知单

记　账　凭　证

2011 年 12 月 25 日　　　　　　　　　第 37 号

摘要	会计科目		借方金额	贷方金额	√
	总账科目	明细科目	百十万千百十元角分	百十万千百十元角分	
收到股利	银行存款		2 0 0 0 0 0 0		
收到股利	应收股利	向阳公司		2 0 0 0 0 0 0	
	合　计		¥ 2 0 0 0 0 0 0	¥ 2 0 0 0 0 0 0	

附单据　壹　张

会计主管：钱庄　　记账：赵丽　　出纳：张平　　复核：孙佳　　制单：陈红

附件37.1

中国工商银行信汇凭证(付款通知单) 4

贰零壹壹年壹拾贰月贰拾伍日　　　　　　　　　　第1890号

汇款人	全称	向阳股份有限公司	收款人	全称	黑龙江华光股份有限公司	此联给收款人的收款通知单
	账号或住址	015-1062-12369853		账号或住址	035-1010-8212007	
	汇出地点	广东省 市县	汇出行名称 工行长江办		汇入地点 黑龙江省 市县	汇入行名称 工行珠江办	
金额	人民币：(大写)	贰万元整			千百十万千百十元角分 ¥ 2 0 0 0 0 0 0	
汇款用途	股利			汇出行盖章（中国工商银行股份有限公司开发区支行 汇票专用章 (03)）2011年12月25日		
单位主管	会计	复核	记账			

记　账　凭　证

2011年12月28日　　　　　　　　　　第38号

摘要	会计科目		借方金额	贷方金额	√
	总账科目	明细科目	百十万千百十元角分	百十万千百十元角分	
预收货款	银行存款		8 2 0 0 0 0 0		
预收货款	预收账款	兴顺公司		8 2 0 0 0 0 0	
	合　计		¥ 8 2 0 0 0 0 0	¥ 8 2 0 0 0 0 0	

附单据 贰 张

会计主管：钱庄　　记账：赵丽　　出纳：张平　　复核：孙佳　　制单：陈红

附件38.1

附件38.2

记 账 凭 证

2011 年 12 月 28 日　　　　　　　　　　　　　第 39 号

摘　要	会计科目		借方金额	贷方金额	√
	总账科目	明细科目	百十万千百十元角分	百十万千百十元角分	
支付前欠货款	应付账款	龙发公司	5 0 0 0 0 0 0		
支付前欠货款	银行存款			5 0 0 0 0 0 0	
	合　计		¥ 5 0 0 0 0 0 0	¥ 5 0 0 0 0 0 0	

会计主管：钱庄　　　记账：赵丽　　　出纳：张平　　　复核：孙佳　　　制单：陈红

附件 39.1

中国工商银行

转账支票存根

X Ⅵ 164705

科　目 _____

对方科目 龙发公司

出票日期 2011 年 12 月 28 日

收款人：龙发公司

金　额：50 000.00

用　途：前欠货款

单位主管　　　　会计

记 账 凭 证

2011年12月28日　　　　　　　　　　第40号

摘要	会计科目		借方金额	贷方金额	
	总账科目	明细科目	百十万千百十元角分	百十万千百十元角分	
支付预付货款	预付账款	大东公司	7 0 0 0 0 0		
支付预付货款	银行存款			7 0 0 0 0 0	
合　计			￥7 0 0 0 0 0	￥7 0 0 0 0 0	

会计主管：钱庄　　记账：赵丽　　出纳：张平　　复核：孙佳　　制单：陈红

附件40.1

中国工商银行信汇凭证（付款通知单）　1

委托日期：贰零壹壹年壹拾贰月贰拾捌日　　　第5576号

记 账 凭 证

2011年12月31日   第41号

摘要	会计科目		借方金额	贷方金额	√
	总账科目	明细科目	百十万千百十元角分	百十万千百十元角分	
收到被投资单位分派现金股利	银行存款		3 0 0 0 0 0 00		
被投资单位分派现金股利	投资收益			3 0 0 0 0 0 00	
合计			¥3 0 0 0 0 0 00	¥3 0 0 0 0 0 00	

附单据 贰 张

会计主管：钱庄　　　记账：赵丽　　　出纳：张平　　　复核：孙佳　　　制单：陈红

附件41.1

现金股利派发通知单

黑龙江华光股份有限公司：

　　根据股东大会决议，公司向全体股东2010年度上半年每股派发现金股利3元，你公司股份100 000股，总计300 000元。

深业股份有限公司
2011年12月31日

附件41.2

中国工商银行信汇凭证（付款通知单） 4

委托日期：贰零壹壹年壹拾贰月叁拾壹日　　第9866号

汇款人	全称	深业股份有限公司	收款人	全称	黑龙江华光股份有限公司	此联给收款人的收款通知单
	账号或住址	024-1013-34527711		账号或住址	035-1010-8212007	
	汇出地点	吉林省　市县	汇出行名称	工行解放办	汇入地点 黑龙江省　市县	汇入行名称 工行珠江办	
金额	人民币：（大写）	叁万元整			千百十万千百十元角分 ¥ 3 0 0 0 0 0 0	
汇款用途：股利					汇出行盖章 中国工商银行股份有限公司 珠江办事处 汇票专用章 (03) 2011年12月31日	
单位主管　　会计　　复核　　记账						

记 账 凭 证

2011年12月31日　　　　　　　　　　第42 $\frac{1}{2}$ 号

摘要	会计科目		借方金额	贷方金额	√
	总账科目	明细科目	百十万千百十元角分	百十万千百十元角分	
分配工资	生产成本	A产品	4 0 0 0 0 0 0		
分配工资	生产成本	B产品	8 0 0 0 0 0		
分配工资	制造费用		1 0 0 0 0 0 0		
分配工资	管理费用		5 0 0 0 0 0		
分配工资	销售费用		2 0 0 0 0 0		
分配工资	在建工程		3 2 0 0 0 0		
合　　计					

会计主管：钱庄　　记账：赵丽　　出纳：　　复核：孙佳　　制单：陈红

记 账 凭 证

2011 年 12 月 31 日　　　　　　　　第 42 2/2 号

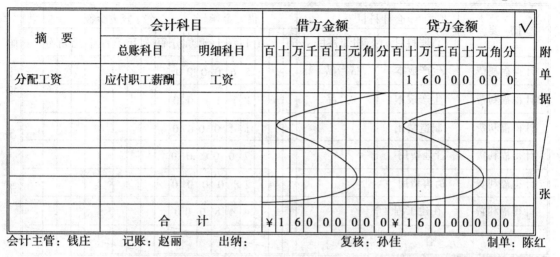

会计主管：钱庄　　记账：赵丽　　出纳：　　复核：孙佳　　制单：陈红

附件 42.1

工资费用分配汇总表

2011 年 12 月 31 日

产品、车间和部门	生产耗用工时	分配率	应分配金额
A产品生产工人	40 000	1	40 000
A产品生产工人	8 000	1	8 000
生产车间管理人员			10 000
管 理 部 门			50 000
销 售 部 门			20 000
在建工程人员			32 000
合　　计			160 000

会计主管：钱庄　　　　　　　　制表：陈红

记 账 凭 证

2011 年 12 月 31 日　　　　　　　　　　　　　第 43 $\frac{1}{2}$ 号

摘　要	会计科目		借方金额	贷方金额	√
	总账科目	明细科目	百十万千百十元角分	百十万千百十元角分	
计得福利费	生产成本	A产品	5 6 0 0 0 0		
计得福利费	生产成本	B产品	1 1 2 0 0 0		
计得福利费	制造费用		1 4 0 0 0 0		
计得福利费	管理费用		7 0 0 0 0		
计得福利费	销售费用		2 8 0 0 0		
计得福利费	在建工程		4 4 8 0 0 0		
	合　　计				

附单据 壹 张

会计主管：钱庄　　　记账：赵丽　　　出纳：　　　复核：孙佳　　　制单：陈红

记 账 凭 证

2011 年 12 月 31 日　　　　　　　　　　　　　第 43 $\frac{2}{2}$ 号

摘　要	会计科目		借方金额	贷方金额	√
	总账科目	明细科目	百十万千百十元角分	百十万千百十元角分	
计得福利费	应付职工薪酬	职工福利		2 2 4 0 0 0 0	
	合　　计		¥ 2 2 4 0 0 0 0	¥ 2 2 4 0 0 0 0	

附单据 / 张

会计主管：钱庄　　　记账：赵丽　　　出纳：　　　复核：孙佳　　　制单：陈红

附件 43.1

计提福利费分配汇总表

2011 年 12 月 31 日

产品、车间和部门	工资总额	应计得福利费（14%）
A 产品生产工人	40 000	5 600
A 产品生产工人	8 000	1 120
生产车间管理人员	10 000	1 400
管理部门	50 000	7 000
销售部门	20 000	2 800
在建工程人员	32 000	4 480
合　　计	160 000	22 400

会计主管：钱庄　　　　　　　　　　　　　　　　　制表：陈红

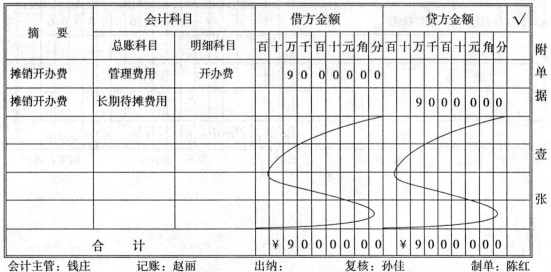

记　账　凭　证

2011 年 12 月 31 日　　　　　　　　　　　　　第 44 号

摘要	会计科目		借方金额	贷方金额	√
	总账科目	明细科目	百十万千百十元角分	百十万千百十元角分	
摊销开办费	管理费用	开办费	9 0 0 0 0 0		
摊销开办费	长期待摊费用			9 0 0 0 0 0	
	合　计		¥9 0 0 0 0 0	¥9 0 0 0 0 0	

会计主管：钱庄　　记账：赵丽　　出纳：　　复核：孙佳　　制单：陈红

附件44.1

长期待摊费用摊销表

2011 年 12 月 31 日　　　　　　　　　　　　　　　　　　　　　　　　　单位:元

摊销项目名称	本月摊销金额	未摊销金额
开办费	90 000	90 000
合计	90 000	90 000

会计主管:钱庄　　　　　　　　　　　　　　　　　　　　　　　　　　　制表:陈红

记 账 凭 证

2011 年 12 月 31 日　　　　　　　　　　　　　　　　　　　　第 45 号

摘要	会计科目		借方金额	贷方金额	√
	总账科目	明细科目	百十万千百十元角分	百十万千百十元角分	
计提短期借款利息	财务费用		2 5 0 0 0 0 0		
计提长期借款利息	在建工程		7 8 0 0 0 0 0		
计提借款利息	应付利息			1 0 3 0 0 0 0 0	
合　计			¥ 1 0 3 0 0 0 0 0	¥ 1 0 3 0 0 0 0 0	

附单据壹张

会计主管:钱庄　　　记账:赵丽　　　出纳:　　　复核:孙佳　　　制单:陈红

附件 45.1

借款利息计算单

2011年12月31日

借款种类	借款金额	年利率	月利率	借款利息金额
短期借款	5 000 000	6%	0.5%	25 000.00
长期借款	13 000 000	7.2%	0.6%	78 000.00
合计	18 000 000			103 000.00

会计主管：钱庄　　　　　　　　　　　　　　　　　　　　　　　制表：陈红

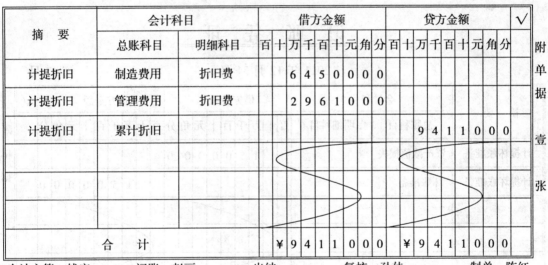

记 账 凭 证

2011年12月31日　　　　　　　　　　　　　　　　　　　　　第46号

摘　要	会计科目		借方金额	贷方金额	√
	总账科目	明细科目	百十万千百十元角分	百十万千百十元角分	
计提折旧	制造费用	折旧费	6 4 5 0 0 0 0		
计提折旧	管理费用	折旧费	2 9 6 1 0 0 0		
计提折旧	累计折旧			9 4 1 1 0 0 0	
合　计			￥9 4 1 1 0 0 0	￥9 4 1 1 0 0 0	

附单据壹张

会计主管：钱庄　　　记账：赵丽　　　出纳：　　　复核：孙佳　　　制单：陈红

附件46.1

固定资产折旧计算表

2011年12月31日

折旧\部门	房屋建筑物 0.17%		机器设备 0.83%		办公设备 1.67%		合计	
	原值	折旧额	原值	折旧额	原值	折旧额	原值	折旧额
基本生产车间	13 500 000	22 950	4 000 000	33 200	500 000	8 350	18 000 000	64 500
行政管理	14 000 000	23 800			347 904	5 810	14 347 904	29 610
合计	27 500 000	46 750	4 000 000	33 200	847 904	14 160	32 347 904	94 110

会计主管:钱庄　　　　　　　　　　　　　　　　　　　　　　　　制表:陈红

记 账 凭 证

2011年12月31日　　　　　　　　　　　　　　　　　　　　第47号

摘要	会计科目		借方金额	贷方金额	√
	总账科目	明细科目	百十万千百十元角分	百十万千百十元角分	
计提坏账准备	资产减值损失		1 5 0 0 0 0 0		附单据壹张
计提坏账准备	坏账准备			1 5 0 0 0 0 0	
合　计			¥ 1 5 0 0 0 0 0	¥ 1 5 0 0 0 0 0	

会计主管:钱庄　　记账:赵丽　　出纳:　　复核:孙佳　　制单:陈红

附件47.1

坏账准备计提表

2011年12月31日

项目	期末账面余额	计提比例	应提准备数	账面已提数	应补提(或冲减)数
应收账款	330 000.00	5%	16 500.00	1 500.00	15 000.00
合计	330 000.00	5%	16 500.00	1 500.00	15 000.00

会计主管:钱庄　　　　　　　　　　　　　　　　　　　　　　　　　制表:陈红

记 账 凭 证

2011年12月31日　　　　　　　　　　　　　　　　　　　　第48号

摘要	会计科目		借方金额	贷方金额	√
	总账科目	明细科目	百十万千百十元角分	百十万千百十元角分	
摊销无形资产	管理费用	无形资产摊销	6 0 0 0 0 0		
摊销无形资产	累计摊销			6 0 0 0 0 0	
合　计			¥ 6 0 0 0 0 0	¥ 6 0 0 0 0 0	

附单据壹张

会计主管:钱庄　　　记账:赵丽　　　出纳:　　　复核:孙佳　　　制单:陈红

附件 48.1

无形资产摊销表

2011 年 12 月 31 日　　　　　　　　　　　　　　　　　　　　　　　单位:元

无形资产项目名称	本月摊销金额	未摊销金额
专利权	32 000.00	32 000.00
商标权	22 000.00	44 000.00
软件	6 000.00	6 000.00
合计	60 000.00	82 000.00

会计主管:钱庄　　　　　　　　　　　　　　　　　　　　　　　　　制表:陈红

记 账 凭 证

2011 年 12 月 31 日　　　　　　　　　　　　　　　　　　　　　　　第 49 号

摘要	会计科目		借方金额	贷方金额	√
	总账科目	明细科目	百十万千百十元角分	百十万千百十元角分	
领用材料负担差异	生产成本	A产品	3 9 2 0 8 0		
领用材料负担差异	制造费用	机物料消耗	1 9 6 0 4 0		
领用材料负担差异	材料成本差异			5 8 8 1 2 0	
	合　计		¥5 8 8 1 2 0	¥5 8 8 1 2 0	

附单据壹张

会计主管:钱庄　　记账:赵丽　　出纳:　　复核:孙佳　　制单:陈红

附件49.1

材料成本差异分摊表

2011年12月31日　　　　　　　　　　　　　　　　　　　　　单位:元

总账科目	明细科目	领用材料 计划成本	本期材料 成本差异率	应负担材料 成本差异	领用材料 实际成本
生产成本	A产品	116 000.00		3 920.8	112 079.2
制造费用	机物料消耗	58 000.00		1 960.4	56 039.6
合计		174 000.00		5 881.2	168 118.8

会计主管:钱庄　　　　　　　　　　　　　　　　　　　　　制表:陈红

(本期材料成本差异率 = (21 500 + 5 000 − 200) ÷ (533 000 + 145 000 + 100 000) × 100% = 3.38%)

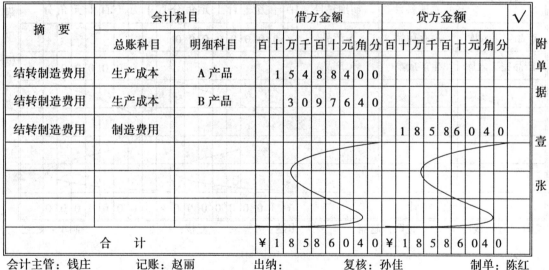

附件 50.1

基本生产车间制造费用分配表

2011 年 12 月 31 日

产品	生产工时	分配率	应分配金额
A 产品	40 000		154 884
B 产品	8 000		30 976.4
合计	48 000	3.8721	185 860.4

会计主管：钱庄　　　　　　　　　　　　　　　　　　　　　　制表：陈红

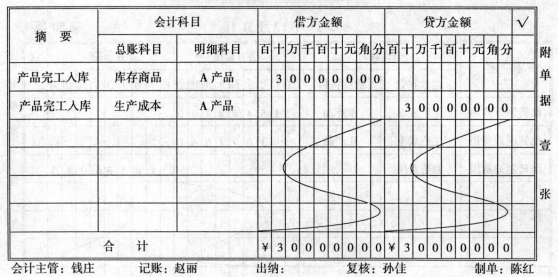

记 账 凭 证

2011 年 12 月 31 日　　　　　　　　　　　　　　　　　　　第 51 号

摘要	会计科目		借方金额	贷方金额	√
	总账科目	明细科目	百十万千百十元角分	百十万千百十元角分	
产品完工入库	库存商品	A 产品	3 0 0 0 0 0 0 0		
产品完工入库	生产成本	A 产品		3 0 0 0 0 0 0 0	
	合　计		¥ 3 0 0 0 0 0 0 0	¥ 3 0 0 0 0 0 0 0	

附单据 壹 张

会计主管：钱庄　　记账：赵丽　　出纳：　　复核：孙佳　　制单：陈红

附件 51.1

产品成本计算表

产品名称：A 产品　　　　2011 年 12 月 31 日

摘要	成本项目			合计
	直接材料	直接人工	制造费用	
月初在产品成本				
本月生产费用	119 920.80	45 600.00	154 884.00	320 404.80
生产费用合计	119 920.80	45 600.00	154 884.00	320 404.80
本月完工产品数量	250	250	250	
本月完工产品成本	108 480.80	45 600.00	145 919.20	300 000.00
月末在产品成本	11 440.00		8 964.80	20 404.80

会计主管：钱庄　　　　　　　　　　　　　　　　　　　　　　制表：陈红

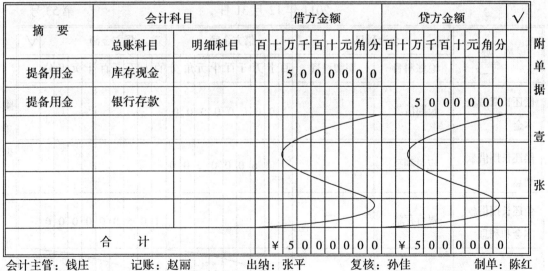

记 账 凭 证

2011 年 12 月 31 日　　　　　　　　　　　　第 52 号

摘要	会计科目		借方金额	贷方金额	√
	总账科目	明细科目	百十万千百十元角分	百十万千百十元角分	
提备用金	库存现金		5 0 0 0 0 0 0		
提备用金	银行存款			5 0 0 0 0 0 0	
	合　计		¥ 5 0 0 0 0 0 0	¥ 5 0 0 0 0 0 0	

附单据 壹 张

会计主管：钱庄　　记账：赵丽　　出纳：张平　　复核：孙佳　　制单：陈红

附件52.1

中国工商银行

现多支票存根

X Ⅵ 274601

科　　目＿＿＿＿＿＿＿

对方科目＿＿＿＿＿＿＿

出票日期　2011年12月31日

| 收款人：华光股份有限公司 |
| 金　额：50 000.00 |
| 用　途：提备用金 |

单位主管　　　　　会计

记　账　凭　证

2011年12月31日　　　　　　　　　　　　第53号

摘要	会计科目		借方金额	贷方金额	√
	总账科目	明细科目	百十万千百十元角分	百十万千百十元角分	
偿还长期借款本金	长期借款		1 0 0 0 0 0 0 0 0		
偿还长期借款利息	应付利息		6 0 0 0 0 0 0		
偿还长期借款本金和利息	银行存款			1 0 6 0 0 0 0 0 0	
合　计			1 0 6 0 0 0 0 0 0	1 0 6 0 0 0 0 0 0	

附单据壹张

会计主管：钱庄　　记账：赵丽　　出纳：张平　　复核：孙佳　　制单：陈红

附件 53.1

偿还贷款凭证(第一联)

2011 年 12 月 31 日

借款单位名称	黑龙江华光股份有限公司		贷款账号	035-1010-8212007		结算账号									
还款金额(大写)	壹佰零陆万元整						千	百	十	万	千	百	十	元	角	分
						¥		1	0	6	0	0	0	0	0	0
贷款种类	长期借款	借出日期	2010年12月31日		原约定还款日期					2011年12月31日						
上列款项已由该单位 035-1098212007 账户归还借款 1000000 元,利息 60000 元。		会计分录: 收: 付: 复核员　　记账员														

记 账 凭 证

2011 年 12 月 31 日　　　　　　　　　　　　　　第 54 号

摘 要	会计科目		借方金额									贷方金额									√
	总账科目	明细科目	百	十	万	千	百	十	元	角	分	百	十	万	千	百	十	元	角	分	
收到票据承兑款	银行存款			2	0	0	0	0	0	0	0										
收到票据承兑款	应收票据												2	0	0	0	0	0	0	0	
	合 计		¥	2	0	0	0	0	0	0	0	¥	2	0	0	0	0	0	0	0	

会计主管:钱庄　　记账:赵丽　　出纳:张平　　复核:孙佳　　制单:陈红

附件54.1

| 中 国 人 民 银 行 收款系统专用凭证 No HG 000526000080 |

交易机构：0098　　　　　交易日期：2011-12-31　　　　　流水号：003968
交易名称：小额收款来账登记　　业务种类：汇兑　　　　　支付交易序号：72915
以起行行号：0351052　　　　发起行名称：工行新阳办事处
汇款人名称：黑龙江大东有限公司
汇款人账号：035-1052-6425453
收款人名称：黑龙江华光股份有限公司
收款人账号：035-1010-8212007
接受行行号：0351010　　　　接受行名称：工行珠江办事处
金额：　　CNY 200 000.00
附言：银行承兑汇票到期
委托收款日期：2011-12-31　　凭证号码：00435193　　　单证类型：02
分录

财务主管：　　　会计：王明　　　复核：刘弈　　　记账：王辉

记 账 凭 证

2011 年 12 月 31 日 第 55 号

摘要	会计科目		借方金额	贷方金额	√
	总账科目	明细科目	百十万千百十元角分	百十万千百十元角分	
计提城建税和教育费附加	营业税金及附加		5 4 3 6 2 8 0		
计提城建税	应交税费	应交城建税		3 8 0 5 3 9 6	
计提教育费附加	应交税费	应交教育费附加		1 6 3 0 8 8 4	
合计			¥5 4 3 6 2 8 0	¥5 4 3 6 2 8 0	

会计主管：钱庄　　记账：赵丽　　出纳：　　复核：孙佳　　制单：陈红

附单据壹张

附件 55.1

营业税金及附加计算表

2011 年 12 月

已纳税种	计提基数	应纳税费	
		城建税 7%	教育费附加 3%
增值税	543 627.98	38 053.96	16 308.84
合计	543 627.98	38 053.96	16 308.84

会计主管:钱庄　　　　　　　　　　　　　　制表:陈红

记 账 凭 证

2011 年 12 月 31 日　　　　　　　　　　第 56 号

摘要	会计科目		借方金额	贷方金额	√
	总账科目	明细科目	百十万千百十元角分	百十万千百十元角分	
结转销售商品成本	主营业务成本	A产品	2 1 0 0 0 0 0 0 0		
结转销售商品成本	库存商品	A产品		2 1 0 0 0 0 0 0 0	
合　计			2 1 0 0 0 0 0 0 0	2 1 0 0 0 0 0 0 0	

附单据壹张

会计主管：钱庄　　记账：赵丽　　出纳：　　复核：孙佳　　制单：陈红

附件 56.1

A产品销售成本汇总表

2011 年 12 月

产品	数量	单价	金额
A产品	1 750	1 200.00	2 100 000.00
小计	1 750		2 100 000.00

会计主管：钱庄　　　　　　　　　　　　　　　　制表：陈红

记 账 凭 证

2011 年 12 月 31 日　　　　　　　　　　　　　　　第 57 号

摘 要	会计科目		借方金额	贷方金额	√
	总账科目	明细科目	百十万千百十元角分	百十万千百十元角分	
结转本年利润	主营业务收入	A 产品	3 5 0 0 0 0 0 00		
结转本年利润	营业外收入		4 4 2 3 0 77		
结转本年利润	投资收益		3 2 5 0 0 00		
结转收益类科目	本年利润			3 5 7 6 7 3 0 77	
	合　　计		3 5 7 6 7 3 0 77	3 5 7 6 7 3 0 77	

会计主管：钱庄　　　记账：赵丽　　　出纳：　　　复核：孙佳　　　制单：陈红

附件 57.1

收入类账户汇总表

2011 年 12 月

收入科目	本年发生额
主营业务收入——A 产品	3 500 000.00
营业外收入	44 230.77
投资收益	32 500.00
合计	3 576 730.77

会计主管：钱庄　　　　　　　　　　　　　　　　　制表：陈红

记 账 凭 证

2011 年 12 月 10 日　　　　　　　　　　　　　第 58 $\frac{1}{2}$ 号

摘要	会计科目		借方金额	贷方金额	√
	总账科目	明细科目	百十万千百十元角分	百十万千百十元角分	
结转成本费用	本年利润		2 5 4 1 4 7 2 8 0		
结转本年利润	主营业务成本	A产品		2 1 0 0 0 0 0 0 0	
结转本年利润	营业税金及附加			5 4 3 6 2 8 0	
结转本年利润	销售费用			7 2 8 0 0 0 0	
结转本年利润	管理费用			2 5 2 6 1 0 0 0	
结转本年利润	财务费用			2 7 0 0 0 0 0	
	合　计				

附单据 壹 张

会计主管：钱庄　　　记账：赵丽　　　出纳：　　　复核：孙佳　　　制单：陈红

记 账 凭 证

2011 年 12 月 31 日　　　　　　　　　　　　　第 58 $\frac{2}{2}$ 号

摘要	会计科目		借方金额	贷方金额	√
	总账科目	明细科目	百十万千百十元角分	百十万千百十元角分	
结转本年利润	营业外支出			1 9 7 0 0 0 0	
结转本年利润	资产减值损失			1 5 0 0 0 0 0	
	合　计		2 5 4 1 4 7 2 8 0	2 5 4 1 4 7 2 8 0	

附单据 张

会计主管：钱庄　　　记账：赵丽　　　出纳：　　　复核：孙佳　　　制单：陈红

附件58.1

费用类账户汇总表(不含所得税费用)

2011 年 12 月

成本费用科目	本年发生额
主营业务成本——A 产品	2 100 000.00
营业税金及附加	54 362.80
销售费用	72 800.00
管理费用	252 610.00
财务费用	27 000.00
资产减值损失	15 000.00
营业外支出	19 700.00
合计	2 541 472.80

会计主管:钱庄　　　　　　　　　　　　　　　　　　　　　　　制表:陈红

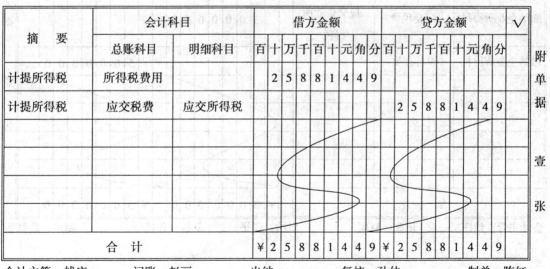

记 账 凭 证

2011 年 12 月 31 日　　　　　　　　　　　　　　　　第 59 号

摘要	会计科目		借方金额	贷方金额	√
	总账科目	明细科目	百十万千百十元角分	百十万千百十元角分	
计提所得税	所得税费用		2 5 8 8 1 4 4 9		
计提所得税	应交税费	应交所得税		2 5 8 8 1 4 4 9	
合计			¥ 2 5 8 8 1 4 4 9	¥ 2 5 8 8 1 4 4 9	

附单据 壹 张

会计主管:钱庄　　　记账:赵丽　　　出纳:　　　复核:孙佳　　　制单:陈红

附件59.1

应纳所得税费用计算表

2011年12月31日

项　　目	金　　额
利润总额	1 035 257.97
所得税税率	25%
应纳所得税	258 814.49

会计主管:钱庄　　　　　　　　　　　　　　　　　　　　　制表:陈红

记 账 凭 证

2011年12月31日　　　　　　　　　　　　　　　　第60号

摘　要	会计科目		借方金额	贷方金额	√
	总账科目	明细科目	百十万千百十元角分	百十万千百十元角分	
缴纳企业所得税	应交税费	应交企业所得税	5 0 0 0 0 0 0		
缴纳企业所得税	银行存款			5 0 0 0 0 0 0	
合　　计			￥ 5 0 0 0 0 0 0	￥ 5 0 0 0 0 0 0	

会计主管:钱庄　　记账:赵丽　　出纳:张平　　复核:孙佳　　制单:陈红

附件 60.1

税收通用缴款书

隶属关系：　　　　　　　　　　　　　　　　　　　　　　　　No 0352869

注册类型：　　　　填发日期：2011 年 12 月 31 日　　征收机关：香坊税务局

缴款单位（人）	代　码	230103789102603	预算科目	编码	101090300
	全　称	黑龙江华光有限公司		名称	股分制企业所得税
	开户银行	工行珠江办事处		级次	市级100%
	账　号	035-1010-8212007	收款国库		工行开发区支行

税款所属时期　　2011年12月1-31日　　　　税款限缴时期　　2012年1月15日

品目名称	课税数量	计税金额或销售收入	税率或单位税额	已缴或扣除额	实缴金额
企业所得税		200 000.00	25%		50 000.00

金额合计　（大写）伍万元整

经办人（章）	填票人（章）	国库（银行）盖章	备注

第一联（收据）国库收款盖章后退缴款单位作完税

记 账 凭 证

2011 年 12 月 10 日　　　　　　　　　　　　　　　　　第 61 号

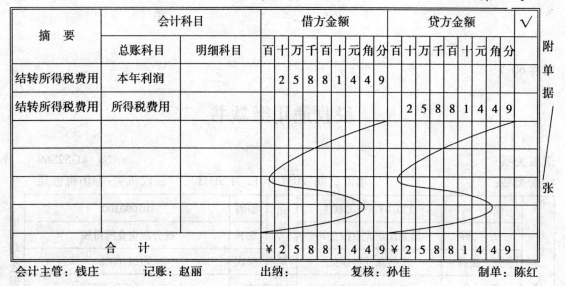

会计主管：钱庄　　　记账：赵丽　　　出纳：　　　复核：孙佳　　　制单：陈红

记 账 凭 证

2011 年 12 月 31 日　　　　　　　　　　　　　　　　　第 62 号

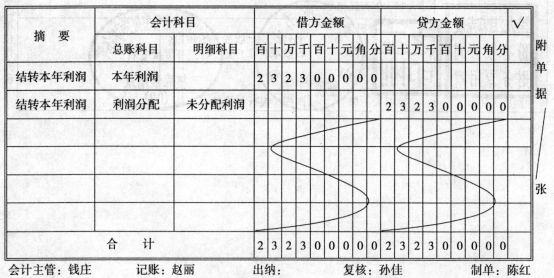

会计主管：钱庄　　　记账：赵丽　　　出纳：　　　复核：孙佳　　　制单：陈红

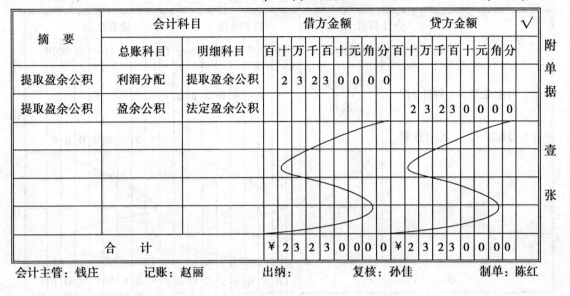

记 账 凭 证

2011 年 12 月 31 日　　　　　　　　　　第 63 号

摘要	会计科目		借方金额	贷方金额	√
	总账科目	明细科目	百十万千百十元角分	百十万千百十元角分	
提取盈余公积	利润分配	提取盈余公积	2 3 2 3 0 0 0 0		
提取盈余公积	盈余公积	法定盈余公积		2 3 2 3 0 0 0 0	
合 计			¥ 2 3 2 3 0 0 0 0	¥ 2 3 2 3 0 0 0 0	

附单据 壹 张

会计主管：钱庄　　　记账：赵丽　　　出纳：　　　复核：孙佳　　　制单：陈红

附件 63.1

计提法定盈余公积

2011 年 12 月 31 日

项目	余额
净利润	2 323 000.00
比例	10%
应计提金额	232 300.00

会计主管:钱庄　　　　　　　　　　　　　　制表:陈红

记 账 凭 证

2011 年 12 月 31 日　　　　　　　　　　第 64 号

摘要	会计科目		借方金额	贷方金额	√
	总账科目	明细科目	百十万千百十元角分	百十万千百十元角分	
宣告分配股利	利润分配	应付普通股股利	6 9 6 9 0 0 0 0		
宣告分配股利	应付股利			6 9 6 9 0 0 0 0	
合　计			￥ 6 9 6 9 0 0 0 0	￥ 6 9 6 9 0 0 0 0	

附单据 壹 张

会计主管：钱庄　　　记账：赵丽　　　出纳：　　　复核：孙佳　　　制单：陈红

附件64.1

分派普通股股利

2011 年 12 月 31 日

项目	余额
净利润	2 323 000.00
比例	30%
应计提金额	696 900.00

会计主管：钱庄　　　　　　　　　　　　　　　　　　制表：陈红

记 账 凭 证

2011 年 12 月 10 日　　　　　　　　　　　第 65 号

摘　要	会计科目		借方金额	贷方金额	√
	总账科目	明细科目	百十万千百十元角分	百十万千百十元角分	
结转利润分配明细科目	利润分配	未分配利润	９２９２０００９		
结转提取的盈余公积	利润分配	提取盈余公积		２３２３０００９	
结转应付股利	利润分配	应付普通股股利		６９６９０００９	
合　计			¥９２９２０００９	¥９２９２０００９	

会计主管：钱庄　　　记账：赵丽　　　出纳：　　　复核：孙佳　　　制单：陈红

附单据／张

第二章　实训模块

【实训一】　资产负债表的编制

一、实训目的

理解会计业务核算的流程,理解会计要素确认、计量、列报的关系,熟悉资产负债表的基本结构和编制要求,掌握编制资产负债表的具体编制方法。

二、实训要求

1. 根据所给会计凭证资料登记总账
2. 进行试算平衡和结账
3. 根据账户资料编制资产负债表

三、实训内容

(一)根据上述会计资料登记总账及有关明细账

总　账

会计科目　银行存款

年		凭证	摘要	借方	贷方	借或贷	余额
月	日	册号		千百十万千百十元角分	千百十万千百十元角分	核对号	千百十万千百十元角分

总 账

会计科目 银行存款

年		凭证册号	摘要	借方										贷方										借或贷	余额									
月	日			千	百	十	万	千	百	十	元	角	分	千	百	十	万	千	百	十	元	角	分	核对号	千	百	十	万	千	百	十	元	角	分

总　账

会计科目　银行存款

年		凭证册号	摘要	借方 千百十万千百十元角分	贷方 千百十万千百十元角分	借或贷 核对号	余额 千百十万千百十元角分
月	日						

总 账

会计科目：库存现金

年		凭证	摘要	借方									贷方									借或贷	余额								
月	日	册号		千	百	十	万	千	百	十	元	角	分	千	百	十	万	千	百	十	元	角	分	核对号	千	百	十	万	千	百	十	元	角	分

总　账

会计科目 __其他货币资金__

年		凭证	摘要	借方										贷方										借或贷	余额									
月	日	册号		千	百	十	万	千	百	十	元	角	分	千	百	十	万	千	百	十	元	角	分	核对号	千	百	十	万	千	百	十	元	角	分

总 账

会计科目：交易性金融资产

年		凭证册号	摘要	借方 千百十万千百十元角分	贷方 千百十万千百十元角分	借或贷	余额 千百十万千百十元角分
月	日						

总　账

会计科目：应收票据

年		凭证册号	摘　要	借　方										贷　方										借或贷	核对号	余　额									
月	日			千	百	十	万	千	百	十	元	角	分	千	百	十	万	千	百	十	元	角	分			千	百	十	万	千	百	十	元	角	分

总 账

会计科目：应收账款

年		凭证册号	摘要	借方 千百十万千百十元角分	贷方 千百十万千百十元角分	借或贷	余额 千百十万千百十元角分
月	日						

总　账

会计科目：坏账准备

年		凭证册号	摘要	借方									贷方									借或贷 核对号	余额								
月	日			千	百	十	万	千	百	十	元	角	分	千	百	十	万	千	百	十	元	角	分		千	百	十	万	千	百	十	元	角	分

总　账

会计科目　预付账款

年		凭证	摘要	借方									贷方									借或贷	余额								
月	日	册号		千	百	十	万	千	百	十	元	角	分	千	百	十	万	千	百	十	元	角	分	核对号	千	百	十	万	千	百	十	元	角	分

总　账

会计科目　应收股利

年		凭证册号	摘要	借方 千百十万千百十元角分	贷方 千百十万千百十元角分	借或贷 核对号	余额 千百十万千百十元角分
月	日						

总 账

会计科目：其他应收款

年		凭证册号	摘要	借方										贷方										借或贷	余额									
月	日			千	百	十	万	千	百	十	元	角	分	千	百	十	万	千	百	十	元	角	分	核对号	千	百	十	万	千	百	十	元	角	分

总　账

会计科目：材料采购

年		凭证编号	摘要	借方 千百十万千百十元角分	贷方 千百十万千百十元角分	借或贷	余额 千百十万千百十元角分
月	日						

总　账

会计科目：原材料

年		凭证账号	摘要	借方 千百十万千百十元角分	贷方 千百十万千百十元角分	借或贷	余额 千百十万千百十元角分
月	日						

总　账

会计科目　周转材料

年		凭证	摘要	借方										贷方										核对号	借或贷	余额									
月	日	册号		千	百	十	万	千	百	十	元	角	分	千	百	十	万	千	百	十	元	角	分			千	百	十	万	千	百	十	元	角	分

总 账

会计科目：材料成本差异

年		凭证	摘要	借方									贷方									借或贷	余额								
月	日	册号		千	百	十	万	千	百	十	元	角	分	千	百	十	万	千	百	十	元	角	分	核对号	千	百	十	万	千	百	十	元	角	分

总 账

会计科目 库存商品

年		凭证	摘要	借方										贷方										借或贷	余额									
月	日	册号		千	百	十	万	千	百	十	元	角	分	千	百	十	万	千	百	十	元	角	分	核对号	千	百	十	万	千	百	十	元	角	分

总　账

会计科目　长期股权投资

年		凭证册号	摘要	借方 千百十万千百十元角分	贷方 千百十万千百十元角分	借或贷	核对号	余额 千百十万千百十元角分
月	日							

总 账

会计科目 _____ 固定资产

年		凭证编号	摘要	借方										贷方										核对符号	借或贷	余额									
月	日			千	百	十	万	千	百	十	元	角	分	千	百	十	万	千	百	十	元	角	分			千	百	十	万	千	百	十	元	角	分

总　账

会计科目：累计折旧

年		凭证册号	摘要	借方									贷方									借或贷	余额								
月	日			千	百	十	万	千	百	十	元	角	分	千	百	十	万	千	百	十	元	角	分	核对号	千	百	十	万	千	百	十	元	角	分

总 账

会计科目: 固定资产清理

年		凭证册号	摘要	借方 千百十万千百十元角分	贷方 千百十万千百十元角分	核对号	借或贷	余额 千百十万千百十元角分
月	日							

总 账

会计科目 在建工程

年		凭证册号	摘要	借方 千百十万千百十元角分	贷方 千百十万千百十元角分	核对号	借或贷	余额 千百十万千百十元角分
月	日							

总 账

会计科目：__工程物资__

年		凭证	摘要	借方									贷方									借或贷	余额								
月	日	册号		千	百	十	万	千	百	十	元	角	分	千	百	十	万	千	百	十	元	角	分	核对号	千	百	十	万	千	百	十	元	角	分

总 账

会计科目：无形资产

年	月	日	凭证册号	摘要	借方 千百十万千百十元角分	贷方 千百十万千百十元角分	借或贷	余额 千百十万千百十元角分

总 账

会计科目　　　　　累计摊销

年		凭证编号	摘要	借方 千百十万千百十元角分	贷方 千百十万千百十元角分	借或贷	余额 千百十万千百十元角分
月	日						

总 账

会计科目　长期待摊费用

年		凭证	摘要	借方									贷方									借或贷	余额								
月	日	册号		千	百	十	万	千	百	十	元	角	分	千	百	十	万	千	百	十	元	角	分	核对号	千	百	十	万	千	百	十	元	角	分

总 账

会计科目：短期借款

年		凭证册号	摘要	借方 千百十万千百十元角分	贷方 千百十万千百十元角分	借或贷 核对号	余额 千百十万千百十元角分
月	日						

总　账

会计科目　应付票据

年		凭证	摘要	借方									贷方									核对号	借或贷	余额								
月	日	册号		千	百	十	万	千	百	十	元	角	分	千	百	十	万	千	百	十	元	角	分			千	百	十	万	千	百	十	元	角	分

总　账

会计科目　应付账款

年		凭证册号	摘要	借方 千百十万千百十元角分	贷方 千百十万千百十元角分	核对号	借或贷	余额 千百十万千百十元角分
月	日							

总　账

会计科目：预收账款

年		凭证编号	摘要	借方										贷方										借或贷	余额									
月	日			千	百	十	万	千	百	十	元	角	分	千	百	十	万	千	百	十	元	角	分	核对号	千	百	十	万	千	百	十	元	角	分

总　账

会计科目　应付职工薪酬

年		凭证	摘要	借方	贷方	借或贷	余额
月	日	册号		千百十万千百十元角分	千百十万千百十元角分	核对号	千百十万千百十元角分

总 账

会计科目 应交税费

年		凭证	摘要	借方	贷方	借或贷	余额
月	日	册号 号数		千百十万千百十元角分	千百十万千百十元角分		千百十万千百十元角分

总 账

会计科目 <u>应交税费</u>

年		凭证	摘要	借方	贷方	借或贷	余额
月	日	册号 号		千百十万千百十元角分	千百十万千百十元角分	核对号	千百十万千百十元角分

总　账

会计科目：应付利息

年		凭证册号	摘要	借方 千百十万千百十元角分	贷方 千百十万千百十元角分	核对号	借或贷	余额 千百十万千百十元角分
月	日							

总 账

会计科目 应付股利

年		凭证编号	摘要	借方 千百十万千百十元角分	贷方 千百十万千百十元角分	借或贷	余额 千百十万千百十元角分
月	日						

总 账

会计科目：长期借款

年		凭证册号	摘要	借方 千百十万千百十元角分	贷方 千百十万千百十元角分	借或贷	余额 千百十万千百十元角分
月	日						

总　账

会计科目：股本

年		凭证册号	摘要	借方									贷方									核对号	借或贷	余额								
月	日			千	百	十	万	千	百	十	元	角	分	千	百	十	万	千	百	十	元	角	分			千	百	十	万	千	百	十	元	角	分

总　账

会计科目：盈余公积

年		凭证册号	摘要	借方										贷方										借或贷	余额									
月	日			千	百	十	万	千	百	十	元	角	分	千	百	十	万	千	百	十	元	角	分	核对号	千	百	十	万	千	百	十	元	角	分

总 账

会计科目 利润分配

年		凭证	摘要	借方										贷方										借或贷	余额									
月	日	册号		千	百	十	万	千	百	十	元	角	分	千	百	十	万	千	百	十	元	角	分	核对号	千	百	十	万	千	百	十	元	角	分

总　账

会计科目　本年利润

年		凭证	摘要	借方									贷方									借或贷 核对号	余额								
月	日	册号		千	百	十	万	千	百	十	元	角	分	千	百	十	万	千	百	十	元	角	分		千	百	十	万	千	百	十	元	角	分

总　账

会计科目　生产成本

年		凭证编号	摘要	借方									贷方									借或贷	余额								
月	日			千	百	十	万	千	百	十	元	角	分	千	百	十	万	千	百	十	元	角	分	千	百	十	万	千	百	十	元	角	分

总　账

会计科目：制造费用

年		凭证	摘要	借方										贷方										借或贷	余额									
月	日	册号		千	百	十	万	千	百	十	元	角	分	千	百	十	万	千	百	十	元	角	分	核对号	千	百	十	万	千	百	十	元	角	分

总 账

会计科目 主营业务收入

年		凭证	摘要	借方										贷方										借或贷	余额									
月	日	种号		千	百	十	万	千	百	十	元	角	分	千	百	十	万	千	百	十	元	角	分	核对号	千	百	十	万	千	百	十	元	角	分

总 账

会计科目 主营业务成本

年		凭证	摘要	借方									贷方									借或贷	余额								
月	日	册号		千	百	十	万	千	百	十	元	角	分	千	百	十	万	千	百	十	元	角	分	核对号	千	百	十	万	千	百	十	元	角	分

总 账

会计科目：营业税金及附加

年		凭证册号	摘要	借方 千百十万千百十元角分	贷方 千百十万千百十元角分	核对号	借或贷	余额 千百十万千百十元角分
月	日							

总　账

会计科目 销售费用			摘　要	借　方										贷　方										借或贷	余　额									
年		凭证			千	百	十	万	千	百	十	元	角	分	千	百	十	万	千	百	十	元	角	分		千	百	十	万	千	百	十	元	角	分
月	日	号数																																	

总 账

会计科目 管理费用

年		凭证	摘要	借方										贷方										借或贷	余额									
月	日	册号		千	百	十	万	千	百	十	元	角	分	千	百	十	万	千	百	十	元	角	分	核对号	千	百	十	万	千	百	十	元	角	分

总 账

会计科目　财务费用

年		凭证编号	摘要	借方									贷方									借或贷	余额								
月	日			千	百	十	万	千	百	十	元	角	分	千	百	十	万	千	百	十	元	角	分		千	百	十	万	千	百	十	元	角	分

总 账

会计科目 资产减值损失

年		凭证	摘要	借方	贷方	核对	借或	余额
月	日	册号		千百十万千百十元角分	千百十万千百十元角分	号	贷	千百十万千百十元角分

总 账

会计科目：投资收益

年		凭证	摘要	借方									贷方									借或贷	余额								
月	日	种号		千	百	十	万	千	百	十	元	角	分	千	百	十	万	千	百	十	元	角	分	核对号	千	百	十	万	千	百	十	元	角	分

总　账

会计科目　营业外收入

年		凭证编号	摘要	借方									贷方									借或贷	余额								
月	日			千	百	十	万	千	百	十	元	角	分	千	百	十	万	千	百	十	元	角	分	核对号	千	百	十	万	千	百	十	元	角	分

总 账

会计科目：营业外支出

年		凭证	摘要	借方									贷方									借或贷	余额								
月	日	册号		千	百	十	万	千	百	十	元	角	分	千	百	十	万	千	百	十	元	角	分	核对号	千	百	十	万	千	百	十	元	角	分

总 账

会计科目：所得税费用

年		凭证册号	摘要	借方 千百十万千百十元角分	贷方 千百十万千百十元角分	借或贷 核对号	余额 千百十万千百十元角分
月	日						

（二）依据账簿资料编制科目余额汇总表

科目余额汇总表

2011年12月1日至2011年12月31日　　　　　　　　　　　　　　　　　单位：元

科目名称	期初借方余额	期初贷方余额	本期借方发生额	本期贷方发生额	期末借方余额	期末贷方余额
库存现金						
银行存款						
其他货币资金						
交易性金融资产						
应收票据						
应收股利						
应收账款						
其他应收款						
坏账准备						
预付账款						
材料采购						
原材料						
周转材料						
材料成本差异						
库存商品						
生产成本						
制造费用						
持有至到期投资						
长期股权投资						
固定资产						
累计折旧						
固定资产清理						
在建工程						
工程物资						
无形资产						
累计摊销						
长期待摊费用						
短期借款						
应付票据						
应付账款						
预收款项						
应付职工薪酬						
应交税费						
应付利息						
应付股利						
其他应付款						

科目余额汇总表

2011年12月1日至2011年12月31日　　　　　　　　　　　　　　　　单位:元

科目名称	期初借方余额	期初贷方余额	本期借方发生额	本期贷方发生额	期末借方余额	期末贷方余额
长期借款						
股本						
资本公积						
盈余公积						
未分配利润						
本年利润						
主营业务收入						
主营业务成本						
营业税金及附加						
销售费用						
管理费用						
财务费用						
资产减值损失						
投资收益						
营业外收入						
营业外支出						
所得税费用						
合计						

(三)编制 2011 年 12 月 31 日资产负债表

资产负债表

编制单位：　　　　　　　　　　　　　年　月　日

会企 01 表
单位：元

资产	期末余额	年初余额	负债和所有者权益（或股东权益）	期末余额	年初余额
流动资产：			流动负债：		
货币资金			短期借款		
以公允价值计量且其变动计入当期损益的金融资产			以公允价值计量且其变动计入当期损益的金融资产		
应收票据			应付票据		
应收账款			应付账款		
预付款项			预收款项		
应收利息			应付职工薪酬		
应收股利			应交税费		
其他应收款			应付利息		
存货			应付股利		
划分为持有待售的资产			其他应付款		
一年内到期的非流动资产			划分为持有待售的负债		
其他流动资产			一年内到期的非流动负债		
流动资产合计			其他流动负债		
非流动资产：			流动负债合计		
可供出售金融资产			非流动负债：		
持有至到期投资			长期借款		
长期应收款			应付债券		
长期股权投资			长期应付款		
投资性房地产			专项应付款		
固定资产			预计负债		
在建工程			递延所得税负债		
工程物资			其他非流动负债		
固定资产清理			非流动负债合计		
生产性生物资产			负债合计		
油气资产			所有者权益（或股东权益）：		
无形资产			实收资本（或股本）		
开发支出			资本公积		
商誉			减：库存股		
长期待摊费用			其他综合收益差		
递延所得税资产			盈余公积		
其他非流动资产			未分配利润		
非流动资产合计			所有者权益（或股东权益）合计		
资产总计			负债及所有者权益（或股东权益）总计		

【实训二】 利润表的编制

一、实训目的

熟悉利润的计算与结转方法,熟悉利润表的基本结构和编制要求,掌握利润表的具体编制,理解利润表与资产负债表的关系。

二、实训要求

1. 完成损益类账户的结转
2. 完成本年利润的结转
3. 掌握净利润与未分配利润的关系

三、实训内容

根据概述所给的相关资料,编制 2011 年 12 月利润表。

利润表

会企02表

编制单位：　　　　　　　　　　　年　月　　　　　　　　　　　单位:元

项　目	本期金额	上期金额
一、营业收入		
减:营业成本		
营业税金及附加		
销售费用		
管理费用		
财务费用		
资产减值损失		
加:公允价值变动收益(损失以"一"号填列)		
投资收益(亏损以"一"号填列)		
其中:对联营企业和合营企业的投资收益		
二、营业利润(亏损以"一"号填列)		
加:营业外收入		
其中:非流动资产处置利得		
减:营业外支出		
其中:非流动资产处置损失		
三、利润总额(亏损总额以"一"号填列)		
减:所得税费用		
四、净利润(净亏损以"一"号填列)		
五、其他综合收益的税后净额:		
（一）以后不能重分类进损益的其他综合收益		
（二）以后将重分类进损益的其他综合收益		
六、综合收益总额		
七、每股收益		
（一）基本每股收益		
（二）稀释每股收益		

【实训三】 现金流量表的编制

一、实训目的

熟悉现金流量表的编制方法,熟悉现金流量表的基本结构和编制要求,掌握现金流量表的具体编制。

二、实训要求

1. 编制工作底稿
2. 编制调整分录
3. 编制现金流量表

三、实训内容

(一)根据前述和所给的相关资料,采用工作底稿法编制2011年12月现金流量表。

现金流量表工作底稿

单位：元

项目	期初数	抵销分录		期末数
		借方	贷方	
资产负债表项目				
货币资金				
交易性金融资产				
应收票据				
应收账款				
预收账款				
应收股利				
其他应收款				
存货				
长期股权投资				
固定资产				
在建工程				
工程物资				
无形资产				
长期待摊费用				
短期借款				
应付票据				
应付账款				
预收款项				
应付职工薪酬				
应交税费				
应付利息				

续表

单位:元

项目	期初数	抵销分录		期末数
		借方	贷方	
应付股利				
长期借款				
股本				
资本公积				
盈余公积				
未分配利润				
利润表项目				
营业收入				
营业成本				
营业税金及附加				
销售费用				
管理费用				
财务费用				
资产减值损失				
投资收益				
营业外收入				
营业外支出				
所得税费用				
净利润				
现金流量表项目				
一、经营活动产生的现金流量				
销售商品、提供劳务收到的现金				
收到的税费返还				
收到其他与经营活动有关的现金				
经营活动现金流入小计				

续表

单位:元

项目	期初数	抵销分录		期末数
		借方	贷方	
购买商品、接受劳务支付的现金				
支付给职工以及为职工支付的现金				
支付的各项税费				
支付其他与经营活动有关的现金				
经营活动现金流出小计				
经营活动产生的现金流量净额				
二、投资活动产生的现金流量				
收回投资收到的现金				
取得投资收益收到的现金				
处置固定资产、无形资产和其他长期资产收回的现金净额				
处置子公司及其他营业单位收到的现金净额				
收到其他与投资活动有关的现金				
投资活动现金流入小计				
购建固定资产、无形资产和其他长期资产支付的现金				
投资支付的现金				

续表

单位:元

项目	期初数	抵销分录		期末数
		借方	贷方	
取得子公司及其他营业单位支付的现金净额				
支付其他与投资活动有关的现金				
投资活动现金流出小计				
投资活动产生的现金流量净额				
三、筹资活动产生的现金流量				
吸收投资收到的现金				
取得借款收到的现金				
收到其他与筹资活动有关的现金				
筹资活动现金流入小计				
偿还债务支付的现金				
分配股利、利润或偿付利息支付的现金				
支付其他与筹资活动有关的现金				
筹资活动现金流出小计				
筹资活动产生的现金流量净额				
四、汇率变动对现金的影响				
五、现金及现金等价物净增加额				
加:期初现金及现金等价物余额				
六、期末现金及现金等价物余额				
调整分录借贷合计				

调整分录:

(二)分析计算现金流量表各项金额
1. 现金流量表正表各项目计算
(1)销售商品、提供劳务收到的现金 =

(2)购买商品、接受劳务支付的现金 =

(3)支付给职工以及为职工支付的现金 =

(4)支付的各项税费 =

(5)支付其他与经营活动有关的现金 =

(6)收回投资收到的现金 =

(7)取得投资收益所收到的现金 =

(8)处置固定资产收回的现金净额 =

(9)收到其他与投资活动有关的现金 =

(10)购建固定资产支付的现金=

(11)投资支付的现金=

(12)支付其他与投资活动有关的现金=

(13)取得借款所收到的现金=

(14)偿还债务支付的现金=

2. 将净利润调节为经营活动现金流量各项目计算
(1)资产减值准备=

(2)固定资产折旧=

(3)无形资产摊销=

(4)长期待摊费用摊销=

(5)处置固定资产、无形资产和其他长期资产的损失(减:收益) =

(6)固定资产报废损失 =

(7)财务费用 =

(8)投资损失(减:收益) =

(9)存货的减少 =

(10)经营性应收项目的减少 =

(11)经营性应付项目的增加 =

现金流量表

会企 03 表

编制单位： 年 月 单位：元

项目	本期金额	上期金额
一、经营活动产生的现金流量：		
销售商品、提供劳务收到的现金		
收到的税费返还		
收到其他与经营活动有关的现金		
经营活动现金流入小计		
购买商品、接受劳务支付的现金		
支付给职工以及为职工支付的现金		
支付的各项税费		
支付其他与经营活动有关的现金		
经营活动现金流出小计		
经营活动产生的现金流量净额		
二、投资活动产生的现金流量：		
收回投资收到的现金		
取得投资收益收到的现金		
处置固定资产、无形资产和其他长期资产收回的现金净额		
处置子公司及其他营业单位收到的现金净额		
收到其他与投资活动有关的现金		
投资活动现金流入小计		
购建固定资产、无形资产和其他长期资产支付的现金		
投资支付的现金		
取得子公司及其他营业单位支付的现金净额		
支付其他与投资活动有关的现金		
投资活动现金流出小计		
投资活动产生的现金流量净额		
三、筹资活动产生的现金流量：		
吸收投资收到的现金		
取得借款收到的现金		
收到其他与筹资活动有关的现金		
筹资活动现金流入小计		
偿还债务支付的现金		
分配股利、利润或偿付利息支付的现金		
支付其他与筹资活动有关的现金		
筹资活动现金流出小计		
筹资活动产生的现金流量净额		
四、汇率变动对现金的影响		
五、现金及现金等价物净增加额		
加：期初现金及现金等价物余额		
六、期末现金及现金等价物余额		

现金流量补充资料

补充资料	本年金额	上年金额
1.将净利润调节为经营活动现金流量：		
净利润		
加：资产减值准备		
固定资产折旧、油气资产折耗、生产性生物资产折旧		
无形资产摊销		
长期待摊费用摊销		
处置固定资产、无形资产和其他长期资产的损失（收益以"－"号填列）		
固定资产报废损失（收益以"－"号填列）		
公允价值变动损失（收益以"－"号填列）		
财务费用（收益以"－"号填列）		
投资损失（收益以"－"号填列）		
递延所得税资产减少（增加以"－"号填列）		
递延所得税负债增加（减少以"－"号填列）		
存货的减少（增加以"－"号填列）		
经营性应收项目的减少（增加以"－"号填列）		
经营性应付项目的增加（减少以"－"号填列）		
其他		
经营活动产生的现金流量净额		
2.不涉及现金收支的重大投资和筹资活动：		
债务转为资本		
一年内到期的可转换公司债券		
融资租入固定资产		
3.现金及现金等价物净变动情况：		
现金的期末余额		
减：现金的期初余额		
加：现金等价物的期末余额		
减：现金等价物的期初余额		
现金及现金等价物净增加额		

第二篇　合并财务报表的编制实训

一、实训目的

通过本项实训,使学生了解合并财务报表编制基础和编制程序,掌握个别报表调整分录和内部交易抵销分录的编制,熟悉合并工作底稿的编制,并编制合并资产负债表和合并利润表。

二、实训要求

1. 编制调整抵销分录
2. 编制工作底稿
3. 编制合并财务报表

三、实训内容

（一）企业基本情况

A 股份有限公司（以下简称 A 公司）对 B 贸易有限责任公司（以下简称 B 公司）投资的有关资料如下：

1. 基本资料

A 公司为了扩大生产经营,增加市场份额,经股东大会批准实施了一系列投资交易。2011年1月1日,A 公司用银行存款 2 000 万元购得 B 公司 60% 的股份。A 公司和 B 公司不属于同一控制下的两个公司。A 公司备查簿中记录的 B 公司在 2011 年 1 月 1 日可辨认资产、负债及或有负债的公允价值的资料见表 2.1。

表 2.1　A 公司备查簿——B 公司

编制单位:B 公司　　　　　　　　2011 年 1 月 1 日　　　　　　　　单位:万元

资产	账面价值	公允价值	公允价值与账面价值的差额	备注
流动资产	3 300	3 300		
非流动资产	1 200	1 320	120	
其中:固定资产—办公楼	600	720	120	该办公楼的剩余折旧年限为 20 年,采用年限平均法计提折旧。(不考虑相关税费)
资产总计	4 500	4 620	120	
流动负债	1 020	1 020		
非流动负债	480	480		
负债合计	1 500	1 500		
股本	2 000	2 000		
资本公积	1 000	1 120	120	办公楼公允价值与账面价值的差额。
盈余公积	0	0		
未分配利润	0	0		
股东权益合计	3 000	3 120	120	
负债和股东权益总计	4 500	4 620	120	

2.2011 年度内部交易

(1)1 月 10 日,B 公司向 A 公司销售甲产品取得的销售收入为 300 万元,该产品销售成本为 160 万元,款项已存入银行。A 公司在本年将购进的该产品的 80% 对外销售,其销售收入为 360 万元。

(2)6 月 30 日,B 公司向 A 公司销售丙产品取得的销售收入为 150 万元,该产品销售成本为 80 万元,本年尚未收到的货款为 50 万元。A 公司在本期将该产品全部售出,其销售收入为 200 万元。

(3)9 月 30 日,B 公司向 A 公司销售乙产品,销售价格为 240 万元,销售成本为 140 万元,开具票面金额为 240 万元的商业承兑汇票。A 公司购买该产品作为管理用固定资产使用。假设 A 公司对该固定资产的使用为 5 年,采用年限平均法计提折旧,预计净残值为 0。

(4)11 月 30 日,B 公司购入 A 公司发行的 3 年期债券 500 万元,准备持有至到期,款项已支付。不考虑 B 公司持有的债券与 A 公司发行债券的差额。

(5)12 月 10 日,B 公司收到 A 公司购买甲产品的预收款 130 万元,款项已存入银行,本年产品尚未发出。

(6)2011 年,B 公司实现净利润 630 万元,提取法定公积金 63 万元,向 A 公司分派现金股利 189 万元,向其他股东分派现金股利 126 万元,未分配利润为 252 万元。

3.2011 年度 A 公司和 B 公司财务报表

表 2.2 资产负债表(简表)

编制单位:A 公司　　　　　　　2011 年 12 月 31 日　　　　　　　会企 01 表　单位:万元

资产	期末余额	年初余额	负债和股东权益	期末余额	年初余额
流动资产:			流动负债:		
货币资金	350	200	应付票据	200	150
应收票据	710	630	应付账款	400	290
其中:应收 A 公司票据	240		预收款项	150	180
应收账款	1 040	920	其中:预收 A 公司账款	130	
其中:应收 A 公司账款	49.75		应付职工薪酬	217	270
预付款项	520	760	应交税费	178	130
存货	430	790	流动负债合计	1 145	1 020
			非流动负债:		
流动资产合计	3 050	3 300	长期借款	300	480
非流动资产:			应付债券		
可供出售金融资产	300	460	非流动负债合计	300	480
持有至到期投资	600		负债合计	1 445	1 500
其中:持有 A 公司债券	500		所有者权益(或股东权益):		
长期股权投资			实收资本(或股本)	2 000	2 000
固定资产	1 130	740	资本公积	1 000	1 000
无形资产			其他综合收益	320	
			盈余公积	63	
			未分配利润	252	
非流动资产合计	2 030	1 200	所有者权益(或股东权益)合计	3 635	3 000
资产总计	5 080	4 500	负债和所有者权益(或股东权益)总计	5 080	4 500

表2.3 利润表(简表)

会企02表

2011年度 单位:万元

项目	A公司	B公司
一、营业收入	8 411	3 460
减:营业成本	4 560	1 530
营业税金及附加	440	160
销售费用	50	20
管理费用	980	820
财务费用	105	56
资产减值损失	42	18
加:公允价值变动收益(损失以"-"号填列)		
投资收益(损失以"-"号填列)	189	
二、营业利润(亏损以"-"号填列)	2 423	856
加:营业外收入		
减:营业外支出	23	16
三、利润总额(亏损总额以"-"号填列)	2 400	840
减:所得税费用	600	210
四、净利润(净亏损以"-"号填列)	1 800	630
五、其他综合收益的税后净额		120
六、综合收益总额	1 800	750

表2.4　利润表(简表)

2011年　　　　　　　　　　　　　　　　　　　　　　　会企02表
　　　　　　　　　　　　　　　　　　　　　　　　　　　单位:万元

项目	A公司	B公司
一、营业收入	8 411	3 460
减:营业成本	4 560	1 530
营业税金及附加	440	160
销售费用	50	20
管理费用	980	820
财务费用	105	56
资产减值损失	42	18
加:公允价值变动收益(损失以"-"号填列)		
投资收益(损失以"-"号填列)	189	
二、营业利润(亏损以"-"号填列)	2 423	856
加:营业外收入		
减:营业外支出	23	16
三、利润总额(亏损总额以"-"号填列)	2 400	840
减:所得税费用	600	210
四、净利润(净亏损以"-"号填列)	1 800	630
五、其他综合收益的税后净额	320	120
六、综合收益总额	2 120	750

(二)编制 B 公司 2011 年个别报表调整分录和内部交易抵销分录

(二) 利用该公司 2011 年 12 月财务报表的有关内容分析企业

(三) 编制合并工作底稿

表 2.5 合并工作底稿 (简表)
2011 年

单位:万元

项目	A 公司		报表金额	B 公司		合计金额	抵销分录		少数股东权益	合并金额
	报表金额	贷方		借方	贷方		借方	贷方		
利润表项目										
营业收入										
营业成本										
营业税金及附加										
销售费用										
管理费用										
财务费用										
资产减值损失										
投资收益										
营业利润										
营业外支出										
利润总额										
所得税费用										
净利润										
少数股东权益										
归属于母公司所有者的净利润										
其他综合收益										

续表

2011年　　　　　　　　　　　　　　　　　　　　　　　　　　　　　　　单位:万元

项目	A公司 报表金额	A公司 借方	A公司 贷方	B公司 报表金额	B公司 借方	B公司 贷方	合计金额	抵销分录 借方	抵销分录 贷方	少数股东权益	合并金额
综合收益总额											
归属于母公司所有者的综合收益总额											
归属于少数股东的综合收益总额											
资产负债表项目											
流动资产:											
货币资金											
应收票据											
其中:应收A公司票据											
应收账款											
其中:应收A公司账款											
预付款项											
其中:预付B公司账款											
存货											
其中:向B公司购入存货											
流动资产合计											
非流动资产:											
可供出售金融资产											
持有至到期投资											
其中:持有A公司债券											
长期股权投资:											
其中:持有B公司投资											

续表
2011 年 单位:万元

项目	报表金额	A 公司		报表金额	B 公司		合计金额	抵销分录		少数股东权益	合并金额
		借方	贷方		借方	贷方		借方	贷方		
固定资产											
其中:B 公司——办公楼											
向 B 公司购入固定资产											
无形资产											
商誉											
非流动资产合计											
资产总计											
流动负债:											
应付票据											
其中:应付 B 公司票据											
应付账款											
其中:应付 B 公司账款											
预收款项											
其中:预收 A 公司账款											
应付职工薪酬											
应交税费											
流动负债合计											
非流动负债:											
长期借款											
应付债券											
其中:应付 B 公司债券											
非流动负债合计											
负债合计											
所有者权益(或股东权益):											
实收资本(或股本)											

续表
2011年　　　　　　　　　　　　　　　　　　　　　　　　　　　　　　　　单位：万元

项目	A公司			B公司			合计金额	抵销分录		少数股东权益	合并金额
	报表金额	借方	贷方	报表金额	借方	贷方		借方	贷方		
资本公积											
其中：可供出售金融资产公允价值变动											
盈余公积											
未分配利润											
少数股东权益											
所有者权益合计											
负债和所有者权益总计											

（四）编制合并资产负债表和利润表

表 2.6 合并资产负债表

会合 01 表

编制单位：A 股份有限公司　　　　2011 年 12 月 31 日　　　　单位：万元

资产	期末余额	年初余额	负债和股东权益	期末余额	年初余额
流动资产：			流动负债：		
货币资金			短期借款		
以公允价值计量且其变动计入当期损益的金融资产			以公允价值计量且其变动计入当期损益的金融负债		
衍生金融资产			衍生金融负债		
应收票据			应付票据		
应收账款			应付账款		
预付款项			预收款项		
应收利息			应付职工薪酬		
应收股利			应交税费		
其他应收款			应付利息		
存货			应付股利		
一年内到期的非流动资产			其他应付款		
其他流动资产			一年内到期的非流动负债		
			其他流动负债		
流动资产合计			流动负债合计		
非流动资产：			非流动负债：		
可供出售金融资产			长期借款		
持有至到期投资			应付债券		
长期应收款			长期应付款		
长期股权投资			专项应付款		
投资性房地产			预计负债		
固定资产			递延所得税负债		
在建工程			其他非流动负债		
工程物资			非流动负债合计		
固定资产清理			负债合计		
生产性生物资产			股东权益：		
油气资产			股本		
无形资产			其他权益工具		
开发支出			其中：优先股		
商誉			永续债		
长期待摊费用			资本公积		
递延所得税资产			减：库存股		
其他非流动资产			其他综合收益		
			专项储备		
非流动资产合计			盈余公积		
			未分配利润		
			股东权益合计		
			少数股东权益		
资产总计			负债和股东权益总计		

表2.7 合并利润表

会合02表

编制单位：A股份有限公司　　　　2011年　　　　　　　　　　　　　　　　　　单位：万元

项目	本年金额	上年金额
一、营业收入		
减：营业成本		
营业成本		
营业税金及附加		
销售费用		
管理费用		
财务费用		
资产减值损失		
加：公允价值变动收益（损失以"－"号填列）		
投资收益（损失以"－"号填列）		
其中：对联营企业和合营企业的投资收益		
二、营业利润（亏损以"－"号填列）		
加：营业外收入		
其中：非流动资产处置得得		
减：营业外支出		
其中：非流动资产处置损失		
三、利润总额（亏损总额以"－"号填列）		
减：所得税费用		
四、净利润（净亏损以"－"号填列）		
五、其他综合收益的税后净额		
（一）以后不能重分类进损益的其他综合收益		
1.重新计量设定受益计划净负债或净资产的变动		
2.权益法下在被投资单位不能重分类进损益的其他综合受益中享有的份额		
3.其他		
（二）以后将重分类进损益的其他综合收益		
1.权益法下在被投资单位以后将重分类进损益的其他综合受益中享有的份额		
2.可供出金融资产公允价值变动损益		
3.持有至到期投资重分类为可供出售金融资产损益		
4.现金流量套期损益的有效部分		
5.外部财务报表差额		
6.其他		
六、综合收益总额		
七、每股收益：		
（一）基本每股收益		
（二）稀释每股收益		

第三篇　财务报表分析的实训

一、实训目的

理解财务分析的基本方法，掌握偿债能力、盈利能力、营运能力指标的计算与分析以及杜邦分析体系的应用。

二、实训要求

1. 根据财务报表的数据计算偿债能力、盈利能力、营运能力的主要财务指标。
2. 依据计算的各类财务指标进行趋势分析。
3. 依据相关数据进行杜邦分析

三、实训内容

（一）ABC 上市公司资产负债表

资产负债表

单位：万元

项目	2010 年	2009 年	2008 年	2007 年
流动资产：				
货币资金	1 288 839.39	974 315.22	809 372.19	472 270.63
应收票据	20 481.11	38 076.03	17 061.26	10 104.62
应收账款	125.46	2 138.63	3 482.51	4 640.72
应收款项	152 986.88	120 312.61	74 163.85	63 976.23
应收利息	4 272.84	191.26	278.36	358.44
其他应收款	5 910.19	9 600.15	8 260.14	8 611.43
存货	557 412.61	419 224.64	311 456.78	230 481.89
一年内到期的非流动资产		1 700.00		
流动资产合计	2 030 028.48	1 565 558.54	1 224 075.09	790 443.96
非流动资产：				
持有至到期投资	6 000.00	1 000.00	4 200.00	5 800.00
长期股权投资	400.00	400.00	400.00	400.00
长期股权投资	400.00	400.00	400.00	400.00
固定资产	419 185.11	316 872.52	219 017.19	182 698.34
在建工程	26 345.85	19 395.63	58 286.10	36 151.65
工程物资	1 852.88	2 491.50	6 236.90	1 193.15
无形资产	45 231.72	46 555.08	44 520.76	24 927.40
长期待摊费用	1 870.16	2 146.96	1 014.65	1 247.73

资产负债表

单位：万元

项目	2010年	2009年	2008年	2007年
递延所得税资产	27 843.79	22 542.08	17 668.09	5 284.95
非流动资产合计	528 729.51	411 403.77	351 343.69	257 703.22
资产总计	2 558 757.99	1 976 962.31	1 575 418.78	1 048 147.18
流动负债：				
应付账款	23 201.31	13 912.13	12 128.90	5 968.20
预收款项	473 857.07	351 642.39	293 626.65	112 528.82
应付职工薪酬	50 025.87	46 394.86	36 100.75	5 459.63
应交税费	41 988.29	14 052.50	25 630.03	40 774.73
应付股利	31 858.42	13 720.77		4 180.70
其他应付款	81 888.06	71 083.12	57 590.63	42 349.52
流动负债合计	702 819.02	510 805.77	425 076.96	211 261.60
非流动负债：				
专项应付款	1 000.00	1 000.00		
非流动负债合计	1 000.00	1 000.00		
负债合计	703 819.02	511 805.77	425 076.96	211 261.60
股东权益：				
股本	94 380.00	94 380.00	94 380.00	94 380.00
资本公积	137 496.44	137 496.44	137 496.44	137 496.44
盈余公积	217 675.42	158 566.61	100 113.37	83 832.10
未分配利润	1 390 325.55	1 056 155.23	792 467.13	507 702.04
归属于母公司股东权益合计	1 839 877.41	1 446 598.28	1 124 456.94	823 410.58
少数股东权益	15 061.56	18 558.26	25 884.88	13 475.00
股东权益合计	1 854 938.97	1 465 156.54	1 150 341.82	836 885.58
负债和股东权益总计	2 558 757.99	1 976 962.31	1 575 418.78	1 048 147.18

(二) ABC 上市公司利润表

利润表

单位:万元

项目	2010年	2009年	2008年	2007年
一、营业收入	1 163 328.37	966 999.91	824 168.56	723 743.07
减:营业成本	447 284.66	359 568.80	285 262.30	271 390.47
营业税金及附加	157 701.31	94 050.85	68 176.16	60 407.89
销售费用	67 653.17	62 128.43	53 202.47	56 038.52
管理费用	134 601.42	121 715.85	94 117.41	72 315.55
财务费用	-17 657.70	-13 363.61	-10 250.08	-4 474.38
资产减值损失	-306.7	-30.01	45.01	-61.47
投资收益(损失以"-"号填列)	46.91	120.94	132.23	181.5
二、营业利润(亏损以"-"号填列)	716 090.62	607 552.05	539 038.49	452 534.10
加:营业外收入	530.71	624.79	628.2	291.72
减:营业外支出	379.66	122.86	1 136.62	623.32
三、利润总额(亏损总额以"-"号填列)	716 241.67	608 053.98	538 530.07	452 202.50
减:所得税费用	182 265.52	152 765.09	138 454.14	155 597.25
四、净利润(净亏损以"-"号填列)	533 976.15	455 288.89	400 075.93	296 605.25
归属于母公司股东净利润	505 119.42	431 244.61	379 948.05	283 083.16
少数股东损益	28 856.73	24 044.28	20 127.88	13 522.09
五、其他综合收益的税后净额				
六、综合收益总额	533 976.15	455 288.89	400 075.93	296 605.25
七、每股收益:				
(一)基本每股收益	5.35	4.57	4.03	3
(二)稀释每股收益	5.35	4.57	4.03	3

注:每股收益单位为元。

(三) ABC 上市公司现金流量表

现金流量表

单位:万元

项目	2010 年	2009 年	2008 年	2007 年
一、经营活动产生的现金流量				
销售商品、提供劳务收到的现金	1 493 858.19	1 175 624.38	1 054 678.25	743 775.43
收到的税费返还	18.1			
收到其他与经营活动有关的现金	13 819.67	18 588.80	24 235.58	9 568.47
经营活动现金流入小计	1 507 695.96	1 194 213.18	1 078 913.83	753 343.90
购买商品、接受劳务支付的现金	166 980.42	155 707.59	121 471.78	109 830.70
支付给职工以及为职工支付的现金	149 281.34	122 930.50	8 093.87	62 333.39
支付的各项税费	488 573.73	416 035.01	366 686.88	360 253.24
支付其他与经营活动有关的现金	82 712.82	77 146.36	57 912.45	46 596.24
经营活动现金流出小计	887 548.31	771 819.46	554 164.98	579 013.57
经营活动产生的现金流量净额	620 147.65	422 393.72	524 748.85	174 330.33
二、投资活动产生的现金流量				
收回投资收到的现金	1 700.00	2 500.00	2 100.00	
取得投资收益收到的现金	173.14	208.04	212.31	
处置固定资产、无形资产和其他长期资产收回的现金净额			5.00	

续表

单位:万元

项目	2010 年	2009 年	2008 年	2007 年
收到其他与投资活动有关的现金	5 631.57			
投资活动现金流入小计	7 504.71	2 708.04	2 317.31	
购建固定资产、无形资产和其他长期资产支付的现金	173 191.38	135 660.15	101 073.58	77 245.67
投资支付的现金	5 000.00	1 000.00	500	1 700.00
支付其他与投资有关的现金	5 652.29			
投资活动现金流出小计	183 843.67	136 660.15	101 573.58	78 945.67
投资活动产生的现金流量净额	-176 338.96	-133 952.11	-99 256.27	-78 945.67
三、筹资活动产生的现金流量				
收到其他与筹资活动有关的现金	10.58	15.81	76.12	150.46
筹资活动现金流入小计	10.58	15.81	76.12	150.46
分配股利、利润或偿付利息支付的现金	129 295.10	123 514.39	88 467.14	70 686.60
筹资活动现金流出小计	129 295.10	123 514.39	88 467.14	70 686.60
筹资活动产生的现金流量净额	-129 284.52	-123 498.58	-88 391.02	-70 536.14
四、汇率变动对现金及现金等价物的影响				
五、现金及现金等价物净增加额	314 524.17	164 943.03	337 101.56	24 848.52
加:期初现金及现金等价物余额	974 315.22	809 372.19	472 270.63	447 422.11
六、期末现金及现金等价物余额	1 288 839.39	974 315.22	809 372.19	472 270.63

(四)财务指标计算及分析
1. 偿债能力计算及分析
(1)计算 2010 年、2009 年、2008 年度流动比率

(2)计算 2010 年、2009 年、2008 年度速动比率

(3)计算 2010 年、2009 年、2008 年度现金比率

(4)计算 2010 年、2009 年、2008 年度现金流量比

(5)计算 2010 年、2009 年、2008 年度资产负债率

(6)计算 2010 年、2009 年、2008 年度产权比率

(7)计算 2010 年、2009 年、2008 年度利息保障倍数

(8)计算 2010 年、2009 年、2008 年度现金流量利息保障倍数

2. 盈利能力计算及分析
(1)计算 2010 年、2009 年、2008 年度营业利润率

(2)计算2010年、2009年、2008年度成本费用利润率

(3)计算2010年、2009年、2008年度总资产报酬率

(4)计算2010年、2009年、2008年度净资产收益率

(5)计算2010年、2009年、2008年度每股收益(2010年至2008年的股本总数均为943 800 000股)

(6)计算2010年、2009年、2008年度市盈率(2010年至2008年的市价分别为165.10元、151.21元、94.6元)

3.营动能力计算及分析
(1)计算2010年、2009年、2008年度应收账款周转率

(2)计算2010年、2009年、2008年度存货周转率

(3)计算2010年、2009年、2008年度流动资产周转率

(4)计算2010年、2009年、2008年度流动资产垫支周转率

(5)计算2010年、2009年、2008年度总资产周转率

(五)杜邦分析体系(2010年)

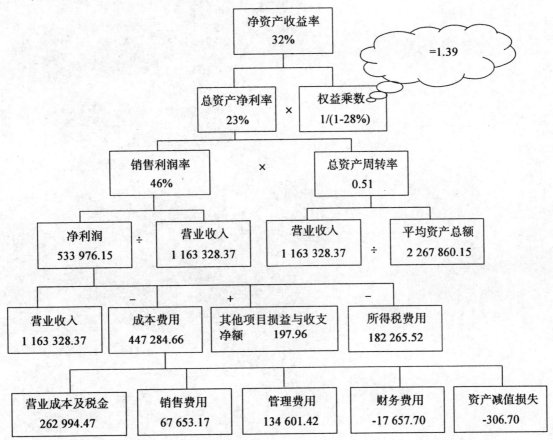